人間とは何か？

哲学者と巡る知的冒険

萱野稔人 編著

CYZO

目次

装　丁：坂本龍司（YO Design）
DTP：一條麻耶子

はじめに

哲学者とさまざまな分野の専門家が対談しながら「人間とは何か」を探求していく。これが本書のコンセプトです。

登場する専門家は、分子古生物学者から医師、文化人類学者、教育学者、社会学者、言語学者、倫理学者など、さまざまです。それぞれの専門家がおのおのの見地から「人間とは何か」という問いに光を当てていきます。

そのため、本書で議論される内容は非常に多岐にわたります。各対談は内容的にそれぞれひとつにまとまっていますが、本書全体ではとてもバラエティに富んだ話題が繰り広げられます。

もとより「人間とは何か」という問いは、ひとつの分野からのみ答えを導き出せるような問いではありません。それは、さまざまな視点からさまざまな水準で考察することのできる問いであり、むしろそうしたさまざまな視点・水準から考察しなくてはならない問いです。

本書に多様な専門家が登場するのは、「人間とは何か」という問いそのものがそうしたアプローチを必要とするからです。

では、そうした多様な専門家と対談する相手役をなぜ哲学者が務めるのでしょうか。

この点についても説明しておきましょう。

哲学はさまざまな問いを考察します。どんな問いでも哲学の対象となるとさえいえるでしょう。

ただ、そのなかでも「人間とは何か」という問いは哲学にとって究極的な問いのひとつです。哲学の歴史とは、この問いをめぐって多くの賢人たちが考えをめぐらせてきた歴史だといってもいいほどです。

事実、「人間とは何か」という問いはいかにも「哲学っぽい」問いですよね。

もちろん、だからといって「人間とは何か」という問いは哲学だけが論じることのできる問いだというわけではありません。それどころか逆に、哲学はこれまで他のさまざまな学問の成果を取り入れながら「人間とは何か」を考えてきました。

たとえば、近代哲学の始祖とされるデカルトは医学に強い関心を持っていて、みずから人体の解剖をおこなうことで、人間の精神と身体の関係を突き止めようとしました。

また、18世紀ドイツの哲学者であるカントは『純粋理性批判』という、人間の認識能力についての壮大な哲学書を著しましたが、それはニュートンが万有引力の法則を発見したことに大きな影響を受けたからでした。

カントはほかにも『永遠平和のために』という著書のなかで、人類はどのように恒久的な平和を確立していくべきかという問題を考察していますが、その考察は当時カントが強い関心を持ち、またみずから大学で講義までしていた地理学や人類学の成果を踏まえたものでした。

こうした例は枚挙にいとまがありません。

それを踏まえると、哲学という学問そのものが他の学問分野の成果を取り入れることで発展してきた学問だということがわかります。とりわけ「人間とは何か」という問いはあまりに壮大なため、他の学問分野の成果を参照することなしに、哲学だけで議論を深めることは困難です。

幸い、哲学は「……とは何か」という問いを概念的に考察することは得意です。言い換えると、哲学は他の分野の学問と対話しながらその成果を「それは、こういうことではないか」と概念的にまとめることに向いています。

そうした哲学の強みを活かそうとしたのが本書です。

現代ではどの学問も高度に発達して、専門分化が進み、他の分野の学問と交流することが難しくなってしまいました。

これは哲学でも同じです。哲学や思想論壇の世界では、現在、自分たちにしかわからない特殊用語で議論して、自分たちの世界に閉じこもろうとする傾向が強くあります。

こうした現在の傾向から、哲学がもともと持っていた特性を解き放して、さまざまな分野の知と対話する知のツールとして哲学を活用しよう。そんなねらいが本書には込められています。

哲学についての説明が長くなりました。

すでに言及した通り、本書のそれぞれの章は内容的に完結しています。そのため読者はどの章からでも読むことができます。どの章においても前提知識はとくに必要ありません。

私たちは人里離れた場所でまったくの一人で生きていくのでないかぎり「人間とは何か」という問いから自由になることはできません。本書がその問いを考えるためのヒントに少しでもなれば幸いです。

なぜ人類だけが直立二足歩行をするのか？

更科 功
［分子古生物学者］

さらしな・いさお

１９６１年生まれ。武蔵野美術大学教授。東京大学大学院理学系研究博士課程修了。専門は分子古生物学。『化石の分子生物学――生命進化の謎を解く』（講談社現代新書）で第29回講談社科学出版賞を受賞。その他の著書に『絶滅の人類史――なぜ「私たち」が生き延びたのか』（ＮＨＫ出版新書）、『進化論はいかに進化したか』（新潮選書）など。

［初出　「サイゾー」　2019年6月号、7月号］

人類の定義

萱野　これから「人間とは何か」という問いについて、さまざまな専門家の方にお話をうかがいながら探求を進めていきたいと思います。最初にお話をうかがいたいのは分子古生物学者の更科功さんです。人類史をめぐる更科さんのご研究から、〝人間の根源〟には何があるのかを探っていきたいと思います。

更科　私の話に出てくる人類は700万年前からの話ですから、よくいえば〝根源〟といえるのかもしれませんが、どこまで現代の話につながるか、ちょっと心もとないですね(笑)。

萱野　更科さんは自身の研究を踏まえて「人間とは何か」と問われたら、どのようにお答えになりますか。

更科　まず、〝人間〟が指すものを明確にしたいと思います。それが〝人類〟というくくりであれば、約700万年前にチンパンジーと人類の共通祖先から系統が分かれた後、私たちホモ・サピエンスに至るまで進化してきた系統に属する生物のことになります。今のところ最古の人類として知られているのが、チンパンジーと人類が分岐した直後の種と考えられているサヘラントロプス・チャデンシスです。このほか、ネアンデルタール人などを含めて25種ぐらいの人類の化石が見つかっています。より狭義の〝人間〟ということであれば、その最後の種で現在まで唯一生き残っている人類の私たちホモ・サピエンスということになりますね。

萱野　今回は〝人類〟というくくりでお話をうかがわせてください。

更科　実は、人類の定義はとても明確なんですよ。それは「直立二足歩行をする」「犬歯が縮小していて牙がない」、このふたつです。

萱野　とてもシンプルで明快ですね。では、まず直立二足歩行についてうかがいたいのですが、これは他の生物にはない、人類だけにみられる特徴だと考えていいでしょうか。

更科　二足歩行をする生物はいっぱいいます。身近なところではニワトリとか。古代生物でもティラノサウルスのように二足歩行する恐竜は数多くいました。しかし、不思議なことに、生命40億年の歴史のなかで、人類以外に直立二足歩行はただの一回も進化しませんでした。逆にいえば、直立二足歩行というのは、生物にとってよっぽど特殊な形質だったということ。単純に考えれば、空を飛ぶほうが直立二足歩行よりはるかに難しそうに感じるし、実際に空を飛ぶための生物学的なメカニズムも複雑です。それでも、系統ごとに考えたら、空を飛ぶ能力は、昆虫、翼竜、鳥、コウモリと、4回も進化しています。それなのに、直立二足歩行は人類が誕生するまで一度も進化していないんです。

萱野　たとえばサルなんかはひょっこり立ち上がって二本足で歩くことがありますが、あれは直立二足歩行ではない、と。

更科　あれは二足歩行ではあるけど、直立二足歩行ではありません。直立二足歩行は体幹をまっすぐ直立させて、立ち止まったときに頭が足の真上にきます。サルの場合はまっすぐ立っているように見えても、足より頭が前になり、尻が後ろになっているんですよ。歩いているときもサルの膝は前に向きませんが、直立二足歩行では膝は前に向きます。これはチンパンジーやゴリラといった霊長類も同じです。あとはペンギンなんかも直立二足歩行をしているように見えるかもしれませんが、あれも実は足は曲がっていてまっすぐになっていません。直立二足歩行をする生物は、人類以外にはいないんです。もっとも、直立二足歩行が一瞬で進化したわけではありません。正確にいえば、人類が誕生する直前に数種の類人猿が直立二足歩行を始め、そのなかで人類につながる系統だけが生き残ったということでしょうか。

萱野　その場合、骨の構造など解剖学的にも違いがあるのでしょうか。

更科　たとえば頭骨だけ見ても、人類の場合は脊椎とつながっている大後頭孔という大きな穴が真下に開いているという特徴があります。これも頭と体幹がまっすぐになる直立二足歩行をするからですね。犬や猫など四足歩行をする動物の場合は、この穴が頭骨の後ろに開いています。チンパンジーやゴリラは斜め下ぐらい。ですから、頭骨ひとつ見ても人類はすぐにわかります。

〝人類〟は森林から追い出された種

萱野　哲学とはひと言でいえば「……とは何か」という問いに答えようとする学問です。その哲学の立場からすると、「人間とは何か」についての更科さんの定義があまりに明快で、感動します。

更科　一般的に生物の分類というものは、系統で定義しているものがほとんどなんです。共通祖先から分岐した系統全体をひとつのグループとしてとらえるので、形態のうえでの定義ができないんですね。たとえば、鳥をどう定義するかというと、「翼があって嘴が……」といったかたちからの定義はできません。実際にどう定義されているかというと、「ジュラ紀の始祖鳥より現生鳥類に近いものすべて」という系統からの定義になっているんですね。人類のように形態で明確に定義できる生物は、あまりいないのではないでしょうか。

萱野　人類は形態で定義できる生物としても定義できるということですね。

更科　そうですね。たとえば、類人猿も「尻尾がないサル」と定義することができますが、霊長類のなかで尻尾がないのは人類と類人猿の2種があり、類人猿のなかにはテナガザル、ゴリラ、チンパンジー、ボノボ、オランウータンといった複数の生物がいます。それに対して、「直立二足歩行をする」だけで人類は定義できますから。

萱野　なぜ人類では直立二足歩行が進化したのでしょうか。

更科　かつては、森林で樹上生活をしていたサルが木を下りて草原で生きるようになったことを原因とする説が主流でしたが、これは現在では否定されています。草原で二足歩行をすることが有利であれば、他の生物も同じような進化をしてもいいはずですが、まったくいない。ヒヒやパタスモンキーのように草原で生きるサルの仲間もいますが、もちろんいずれも四足歩行です。ちょっと視点を変えて「なぜ直立二足歩行は他の生物で進化をしなかったのか」と考えてみれば、それは直立二足歩行には進化に不利な大きな欠点があったからなんですね。人類はたまたまそれを上回るメリットを獲得することができたので、唯一、直立二足歩行を進化させることができた。

萱野　直立二足歩行はどんな点で不利なのでしょうか。

更科　「走るのが遅い」ということです。今のところ人類でもっとも走るのが速いのはウサイン・ボルトですが、そのボルトでも四本足で走るカバと競争したら負けます。基本的に、四足歩行する動物は人類より速い。ヒトは猫にも負けます。ネズミだったらいい勝負かな。ちょっと余談ですが、私は四足歩行で走るのが結構速くて、小学生のときなんかは違う学校の子と競争して、いつも勝っていたんですよ。大学生になってからも飲み会の余興で普通に走る女性と四足歩行の私で競争したり。毎回勝ちましたね。

萱野　変わったことをしていたんですね（笑）。たしかに人間は四足歩行の動物に走る速さではかなわない。肉食動物に見つかったら、逃げられなくて食べられてしまう。だからこそ、他の生物では直立二足歩行は進化しなかった、と。

更科　私はそう考えています。ですから、肉食動物から逃げやすいように、人類と類人猿の共通祖先は森林に住んでいました。

萱野　そこからどのように人類は直立二足歩行を進化させたのでしょうか。

更科　基本的に森林は、動物にとってすごく住みやすい場所なんですよ。まず肉食動物が少ないし、遭遇したとしても木の上に逃げればいい。樹上は安全なねぐらにもなります。果実や葉っぱといった食べ物も豊富です。草原はその逆で、肉食動物は多いし、見つかってしまうと逃げ場もありません。安全なねぐらもないし、食べ物も少ない。この森林と草原の中間が、木がまばらに生えている疎林です。人類の進化は、この疎林で起こったと考えられています。

萱野　そもそもなぜ人類の祖先は、住みやすい森林から疎林へ移動したのでしょうか。

更科　まず、森林の縮小という環境の変化があったのでしょう。そこで、おそらく力が弱かったものや木登りが下手だったものが森林から追い出されてしまい、疎林で生きざるをえないようになったんです。その後、森林に残ったものはチンパンジーやゴリラに進化し、疎林に追いやられたものが人類へと進化していったと考えられます。

萱野　森林から追い出された〝弱い種〟が人類になっていったという指摘はおもしろいですね。ただ、疎林で生きるようになった人類の祖先は、走るのが速い四足歩行を進化させるわけにはいかなかったのでしょうか。

更科　それは人類のもうひとつの特徴である「犬歯の縮小」とも関連しています。直立二足歩行だけを考えると、走るのが遅くなるだけで、メリットは何もありません。ここであらためて森林と疎林の違いを見てみると、木が少ないから当然、樹上の食べ物が少ないということが大きなポイントになります。

萱野　つまり、疎林では食物を得るために地面に下りていかざるをえない。

更科　そういうことです。化石の化学分析から食べていたものがある程度わかるのですが、中期の化石人類は、地面に自生しているものや落ちていたものを結構食べているんです。スゲのような草や硬い木の実なんかですね。基本的に硬くて栄養価が低い。森林から追い出されて、そんなものを食べるしかなくなったんですね。そして、量も少ないから広範囲にわたって食べ物を探す必要があり、その際に疎林だと樹上を移動することもできないので地面に下りて移動するしかなかったんです。ただ、それでも自分の食べ物を確保するだけなら、四足歩行のほうが便利です。

萱野　やはり走るのが速いほうが逃げるのにも有利ということですね。

更科　そうです。しかし、人類はそうやって肉食動物から逃げることよりも、自分の子を多く残すことができる行動をとるようになりました。それが「食べ物を自分の子に運ぶ」ということです。

人類に牙がなくなった理由

萱野　二足歩行をすることによって空いた〝両手〟で食べ物を運ぶために二足歩行を進化させていったということでしょうか。子は安全な木の上にいて、親が食べ物を運んできて食べさせる。それが、走るのが遅くなるという欠点を上回る利点になったと。

更科　ここで「犬歯の縮小」が大きな意味を持ってくるんです。

萱野　「犬歯の縮小」とは、つまり〝牙〟がなくなったということですね。それと二足歩行にはどんな関係があるのでしょうか。

更科　チンパンジーは、コロブスという小さなサルを狩って食べることがあります。これはチンパンジーの凶暴性を示す例として紹介されることが多いのですが、実際のところ、チンパンジーはほとんど肉を食べないんですね。チンパンジーは雑食とされていますが、肉食は1割にも満たないレベルで、ほぼ草食といっていい。これはゴリラも同じです。つまり、チンパンジーやゴリラの鋭くて立派な牙は、狩りのためのものではありません。これは同種のオス同士の争いに使われているものなんです。

萱野　チンパンジーは実はとても凶暴で、殺し合いのような争いをすることもある、というのはよく聞きます。

更科　オス・メスの個体数の比率を見れば、その激しさがわかると思います。通常であればオス・メス比はほぼ1対1になるはずですが、チンパンジーは7対10とか、極端な場合は5対10とか、オスのほうが圧倒的に少なくなっています。これはオス同士の殺し合いの結果なんです。ある研究ではチンパンジーのおよそ9割が、リンチに加わったり、手を下さずとも現場に居合わせたりするなど、なんらかのかたちで同種間の殺害に関わった経験があるという報告もあります。そのぐらい、オス同士の激しい争いが多いのですね。

萱野　チンパンジーでは群れのオスが集団で別の群れを襲撃してオスを皆殺しにするよう

なこともあるそうですね。

更科　環境の変化でテリトリー争いが起きて、数年かけて別の群れと戦うといったこともあるようです。

萱野　そうなると、ほとんど戦争ですね。

更科　ただ、チンパンジーのオス同士の争いの原因は、やはりメスをめぐるものが多くなっています。

萱野　つまり人類に牙がなくなったのは、メスをめぐるオス同士の争いが少なくなったことの結果だと推測されるわけですね。

更科　そうです。動物において最大の武器は牙なんです。ライオンやサメを恐ろしく思うのは、牙で噛まれることが怖いからです。小さな子どもが犬を怖がるのも同じですよね。牙がなければ怖くない。人類の縮小した犬歯は、そういった武器にはなりません。

萱野　人類は〝道具〟を武器として使うようになったから犬歯が小さくなったということは考えられないでしょうか。

更科　私はそれはないと考えています。ただ、武器を仲間同士の争いに使用するようになったことが進化に寄与したという説は、ずっと人気があったんです。映画『２００１年宇宙の旅』の冒頭でも、大きな骨を武器として使うようになった猿人が人類の祖先となったと解釈できる印象深いシーンがありますね。この説は、レイモンド・ダートという人類学者の研究から広がったものです。彼は約280〜230万年前に生きていたとされるアウストラロピテクス・アフリカヌスの化石を研究していて、その頭骨に武器で殴られたような痕が見つかったことから、人類は進化の初期の段階で同種の争いに武器を使うようになったと主張したのです。これを発展させたのが動物行動学における業績でノーベル賞を受賞したコンラート・ローレンツです。たとえば争っている犬は一方が腹部を見せれば攻撃をやめるようにお互いの争いを抑制するように進化してきたけれど、人類は短期間のうちに武器を発達させたから、そういった抑制を進化させることができず、戦争のような異常な殺戮をおこなうようになったと主張しました。

萱野　人類は武器を使用することによって〝たが〟が外れてしまったと。

更科　実際には先ほどもいったようにチンパンジーをはじめ、同種間で激しく殺し合う動物はたくさんいます。そもそものきっかけになったダートの主張も現在では根拠のないものであったことが判明しています。アウストラロピテクスの化石の傷は、ヒョウに襲われたときの牙の痕や洞窟が崩れたときについたものであることが判明したんですね。

萱野　犬歯の縮小については、食べ物が変わったからという説もありますよね。硬いものをすり潰して食べるためには牙よりも平らな歯のほうがいい、という。

更科　食べ物の変化が原因であった場合、上下の牙は同時に小さくなっていくはずです。一方で牙を武器や威嚇に使うときは上の牙が重要ですから、オス同士の争いがゆるやかになったことが犬歯の縮小の原因である場合、上の牙から小さくなります。人類の場合は化石を見る限り、上から小さくなっています。他の類人猿の化石と比べると、サヘラントロプスの犬歯は格段に小さい。もちろん食べ物の変化も関係していたと思いますが、基本的にはオス同士の殺し合いが減ったことが原因だと考えられます。

萱野　そうすると、なぜオス同士の殺し合いが減っていったのかが問題になりますね。

更科　オス同士の争いが減っていったことと直立二足歩行の進化が同時に起きたことを説明できる仮説がひとつだけあって、それが〝一夫一婦制〟です。

進化を促進させた一夫一婦制

萱野　〝一夫一婦制〟ですか。とても興味深いご指摘です。人類とチンパンジーとの対比でいうと、チンパンジーの場合、群れのなかでオスもメスも複数の相手と交尾をしますよね。そのため、生まれてきた子の父親は誰かわからず、子は群れのなかで育っていく。これに対して、一夫一婦制ではオスとメスが一対一のつがいとなって子を生み、育てます。

そうした一夫一婦制のなかで人類は進化してきた、ということでしょうか。

更科　もちろん、チンパンジーのような多夫多妻から人類がすぐに完全な一夫一婦制になったわけではありません。最初は集団のなかに一夫一婦的なつがいが少しいるだけでいいんです。たとえば、一匹のオスが複数のメスと交尾をして何人もの子を作っていたとしても、あるとき「これは自分の子だ」とわかる子がいて、自分の子に優先的に食べ物を持ってくる。そういう行動をとるオスが集団内に数頭できるだけでかまわないんです。

萱野　重要なのは、オスが〝浮気〟をしないということではなくて、どの子が自分の子かわかるようになるということなんですね。そもそも〝浮気〟は一夫一婦制が確立してから生まれた概念なので、順序が逆ですし。

更科　チンパンジーのような多夫多妻の場合は、発情している数少ないメスに多くのオスが集中します。それでオス同士の争いが起きるわけです。そして、メスもオスを基本的には誰でも受け入れる。ですから、子どもの父親はわかりません。しかし、完全ではないとしても一夫一婦的なつがいができることによって、全体としてはオス同士の争いは減りますよね。その形質が自分の子に受け継がれていくことで一夫一婦制が広がって、オス同士の争いはさらに減っていきます。その結果として、犬歯の縮小を説明することができるのです。

萱野　集団のなかで特定のオスが特定のメスと安定的な関係を維持するようになり、それが集団内で互いに承認されるようになって、オス同士の争いが減っていったということですね。

更科　他の霊長類でも一夫一婦制に近い生態をとっている種もありますが、大抵はオスとメスが孤立して二匹だけで生きている。集団内でオスとメスがペアを作っているのは人類だけなんです。それは今おっしゃったように、その関係性が集団全体で承認されているといってもいいでしょう。

萱野　集団内で特定のオスとメスの関係が承認されていけば、メスをめぐるオス同士の争いも減っていく。その結果、犬歯の縮小が進んでいったと。では、そのことは直立二足歩行とどう関係するのでしょうか。

更科　直立二足歩行は先ほどもいったように自分の生存には不利な進化です。ですから、チンパンジーのように誰が自分の子かわからない状態だったら、直立二足歩行は進化しません。他人かもしれない子に食べ物を運ぶよりは、自分で食べてしまったほうが得なわけですから。自分にとって損な行動が進化する可能性があるのはひとつだけ。それは自分の子が他の子より生き残る可能性が高まる場合です。そのためには自分の子が判別できなくてはいけない。一夫一婦制であれば自分の子がわかりますから、その子のために食べ物を運んでくる意味があります。そうして育った子は、直立二足歩行で自分の子に食べ物を運ぶという形質を受け継ぎます。一夫一婦制が生まれることによって、直立二足歩行と犬歯の縮小というふたつの進化がいっぺんに説明できるのです。

萱野　なるほど。となると、一夫一婦制が人類の進化に果たした役割はきわめて大きいですね。

更科　そうです。現代に生きる私たちが特定の相手に愛情を感じてパートナーにしようとすることが、一夫一婦制が進化してきた証拠ではないでしょうか。チンパンジーだったら、同じような年齢と健康状態であれば相手を選びません。しかし、人間は違う。それは人類が一夫一婦制的な形質を受け継いできたからだと思います。

人類の進化と暴力の減少

萱野　興味深いのは、直立二足歩行の発達という人類の進化の初期段階で、すでに現在の人類社会における結婚や家族の原型があらわれているということです。こうした人間関係のあり方は、進化論的にいっても、人類の根源的な結合形態だと考えていいのかもしれません。

更科　チンパンジーも食べ物を分け合うことはありますが、それは仲間に要求されて仕方なく分け前を与えるだけです。人類のようなパターンは他の霊長類にはみられない行動です。

萱野　たとえば同じ類人猿でもボノボはとても平和な種として知られていますが、なぜ人類のような進化が生まれなかったのでしょう。

更科　ボノボもチンパンジー同様に多夫多妻の群れを作りますが、争いが起こりそうになると性器をこすり合わせるなどして緊張を解きます。争いが起きることがあっても、殺し合いになるようなことはまだ観察されていないようですし、チンパンジーやゴリラと比べてかなり平和な種であることは間違いないでしょう。しかし、それでも大きな犬歯が発達しています。進化の過程において使わないものにエネルギーを費やすのは不利なので、牙は使われなければ人類のように縮小するはずです。ボノボでは争いが起こること自体がまれかもしれませんが、それでも牙を争いのなかで進化させてきたということでしょう。逆にいえば、人類はそんなボノボよりも平和な生き物ということです。

萱野　チンパンジーとボノボは同じ類人猿でも、種によってオス同士の争いの激しさが違う。その違いはどこからくるのでしょうか。

更科　考えられるうちのひとつは、オスと交尾ができる発情期のメスの比率です。チンパンジーはメスが発情していないと交尾ができませんが、ボノボの場合は疑似発情期というものがあって、メスは発情期でなくても交尾をすることができるのです。チンパンジーでは群れの5〜10頭のオスに対して発情しているメスの割合は1頭ですが、ボノボの場合は2〜3頭のオスにメス1頭という割合です。ゴリラはその中間ぐらい。私たちヒトには発情期はありませんが、初期人類でも発情期がなくなっていた可能性があります。そうであれば、初期人類もヒトと同じように男女比は1対1に近くなっていたのではないでしょうか。このオスに対して交尾できるメスの比率は、チンパンジー、ゴリラ、ボノボ、人類と、オス同士の争いが激しい種の順と相関しているのです。

萱野　結局、オスは自分の遺伝子を受け継いだ子を少しでも多く残すために、生殖機会をめぐって他のオスと争う。人類における一夫一婦制はオス同士の争いを減少させると同時に、オスに自分の子を残す安定的な方法を提供したのかもしれませんね。

更科　基本的に自然選択というものは、「多くの子を生んだほうが残る」ことが原則です。走るのが速い、力が強い、知能が高いといった特性も進化に有利だと思われがちですが、究極的には〝子の数〟だけが問題なんです。走る速さや知能の高さは、子の数には直結しませんよね。しかし、直立二足歩行で子に食べ物を運ぶという行動は子の生存率を高めるわけですから、子の数と直結します。これは自然選択ではものすごく強く働くわけです。

萱野　相乗的な効果になりますよね。最初は一夫一婦制が成立していたのは群れの一部だけだったかもしれないけれど、そちらのほうが子を多く残せるのであれば、同じような形質を受け継いだ個体が増え、ますます多くの個体が一夫一婦制のもとで自分の子に食べ物を運ぶようになっていく。と同時に、オス同士も争いを減らして集団の結束を強めていくことになりますから、それも生存には有利に働く。

更科　それぞれが自分の利益と欲望のために争うよりも、長期的に見れば争いが少なくて平和なほうが理にかなっているわけです。もちろん、進化そのものはそういった〝理想〟を考慮するはずもなく勝手に進んでいくものですが。人類の場合でも争いが減って集団が大きくなることで、結果的に他の種からの防衛力も高まることにつながり、それも進化を促進させたのでしょう。もちろん、人類同士で争いがなくなったわけではなく、ネアンデルタール人でもホモ・サピエンスでも殺し合いをした痕跡は見つかっています。ただ、化石として出てくる証拠を比べると、かなり少ない。死亡率を推定するのは難しいのですが、約700万年の人類の歴史を見てみると、同種間の争いは減少傾向にあったと思われます。ただ、グラナダ大学のホセ・マリア・ゴメス氏の論文「人類における致死的暴力の系統的起源」で紹介されていますが、数千年前からそれが再び増えてきたという研究もあるんですね。

人類の本性は暴力的なのか

萱野　それはとても興味深い研究ですね。人類のあいだで農耕が始まったのは約1万年前です。もしこの研究の内容が妥当なものだとすれば、人類は進化の過程で平和な関係を築いてきたにもかかわらず、農耕社会に入ることによって暴力性を高めたと考えることも可能です。日本の場合でも、縄文時代の人間の化石からは他の人間によって殺された痕跡はあまり出てこないけれど、農耕が始まった弥生時代以降の化石からは一気にその痕跡が増える、という研究もあります。はたして人間の暴力性は農耕以降の社会制度によって高められたのかどうか。かつてマルクス主義は、狩猟採集社会から農耕社会になったことで支配関係が生まれ、国家の原型が形成され、それによって戦争もなされるようになったと考えました。他方で、マルクス以前の哲学者では、本性として人間は暴力的な傾向を宿していると考える人も少なくありません。

更科　たとえばホッブズの社会契約説では、無政府状態では人間はつねに争いを起こすといわれていますよね。実際、現代でも無政府状態に陥ると略奪が起きることがあります。化石からは人類の本性であるとか支配関係というものは当然見えてきませんが、オス同士の争いが減ってきたことは間違いないと考えられます。そのことと1万年前以降の人類同士の暴力が増えてきたということが私のなかではうまくつながらないんです。ただ、殺し合いをするということは、それによって得られるものがあるということですよね。つまり、何か奪えるものがなければ、大規模な殺し合いは起きない。

萱野　おっしゃる通りだと思います。その日の獲物ぐらいしか奪うものがなければ、他の集団と戦争をするメリットはあまりないでしょう。農耕以前は人間の数も少ないし、他の集団と接触する機会も少なかったでしょうから、集団同士の争いはあまり起こらなかったのではないかと推測することは決して不合理ではありません。しかし、それが農耕社会になると、ストックされた収穫物や家畜だけでなく、土地さえもが奪い合いの対象となる。また、農耕によって人口も増えましたから、食料を生産したり調達したりする土地も手狭になり、他の集団と接触する機会も増え、近接の集団とテリトリーをめぐる争いがそれまでよりも起こりやすくなったでしょう。マルクス主義の学説をどこまで認めるかという問題とは別に、人類社会のあり方が進化することによって、暴力が大規模に組織化されるようになったという側面はたしかにあると思います。人類は農耕社会が始まってから、問題解決の手段として暴力をもちいることがもっとも手っ取り早くて有効だということを、社会制度を作りながら学んでいったのかもしれません。

更科　たしかに暴力がもっとも手っ取り早いかもしれない。

萱野　チンパンジーのオスがメスをめぐって殺し合うのも暴力ですし、人間が社会のルールに従わない者を処罰したり戦争をしたりするのも暴力です。人類は進化の過程でメスをめぐって殺し合うような暴力を集団内で減らすことには成功しました。それは、そのほうが子を残すには有利だったから。しかし、農耕社会以降の大規模な定住社会になると、集団のなかでルールに従わない人間を処罰したり他の集団と戦争をしたりするために組織的に暴力をもちいるほうが、自分たちの子を残すには有利になった。そんなふうに暴力をめぐるベクトルが、約1万年前に大きく変化したのかもしれませんね。

更科　人類が進化の過程で抑えてきたのは主にメスをめぐる争いなので、現代の戦争のような暴力とはまた違いますよね。チンパンジーはメスの取り合いで日常的に殺し合いをしていますが、人間はさすがにそんなことはありません。そのレベルでは、人類はチンパンジーと比べて平和な種だともいえます。

人間の新たな傾向性の分岐点

萱野　更科さんは、文明が人類の暴力性を高めたと考えますか。

更科　新たな暴力性を付け加えたという感じではないでしょうか。人間の殺人はチンパンパンジーの殺し合いと比べて圧倒的に少ない。チンパンジーのオスの3〜5割は、それで死にますから。人間の戦争のような暴力は、身近な人ではなく、基本的に遠くの人を殺すものですよね。古代の人類は、そもそも自分たちの集団の外にいる遠くの人を、ほとんど認識することはできませんでした。そういう意味でも、戦争のような暴力は、人類にとっては新しい行動なのかなと思います。

萱野　有史以降の人間社会を観察すると、そこには一貫して「仲間は殺すな」「敵は殺せ」というふたつの傾向性があることがわかります。仲間や身内を守るために結束して敵と戦う。仲間や身内のあいだでは暴力を排除しようとする傾向性を発揮している一方で、自分たちと対立する敵に対しては容赦なく暴力を行使する傾向性を示しているのです。さらには、集団のメンバーであっても、その連帯を破壊する裏切り者や犯罪者を人類は徹底的に排除してきました。こうした、仲間や身内のなかで団結して平和と生存を維持するという意識は、ひょっとしたら数百万年前の人類から私たちに受け継がれてきたものかもしれません。

更科　それが文明という新しい環境にさらされることによって人類に新たな暴力性を付け加えたと考えると、うかつに「古代の人類は本質的に平和だったのに、現代は……」みたいに二項対立で考えるのはあまり意味がないですね。

萱野　現在の人類が生きている社会環境は、古代の人類が直面していなかったものですからね。

更科　文明が始まってから人類が別の生物に進化したわけではないですが、環境が変化したことによって性質も変わってきた、と。

萱野　人間の経済活動の規模が大きくなるにつれて、人口も増え、地球が狭くなったということもあるでしょうね。かつてチンパンジーと人類の共通祖先が暮らしていた森林が狭くなったのと同じように。

更科　視点を変えてみれば、共通祖先からチンパンジーと人類が分岐したのと同じようなことが、今まさに起きているのかもしれません。

萱野　森林から追い出された種が人類に進化していったように、地球が狭くなることによって新しい進化が人類に起きるかもしれないということですね。今がその淘汰と進化の分かれ目になっている可能性があるという視点は、まさに人類史を俯瞰することで初めて得られる視点ですね。

ヒトはなぜ教育せずにはいられないのか？

安藤寿康
［慶應義塾大学名誉教授］

あんどう・じゅこう

1958年生まれ。慶應義塾大学名誉教授。博士(教育学)。慶應義塾大学大学院社会学研究科博士課程単位取得退学。専門は教育心理学、行動遺伝学、進化教育学。双生児法によって遺伝と環境が人間に及ぼす影響の調査・研究を続けている。主な著書に『なぜヒトは学ぶのか』(講談社現代新書)、『能力はどのように遺伝するのか「生まれつき」と「努力」のあいだ』(講談社ブルーバックス新書)、『教育は遺伝に勝てるか?』(朝日新書)など。

[初出「サイゾー」2019年8月号、9月号]

〝教育〟は人間の本質

萱野　安藤さんの著書は以前から読ませていただいており、教育学の分野で非常にオリジナリティのある仕事をされていると感じてきました。とくに私が興味深いと感じたのは、「教育とは何か」という大きな問いを〝人間存在〟の根幹に関わる問いとして考察されているところです。一般に教育学といえば、教育という枠組みそのものを前提として、いかに健全に子どもの学力向上や人格形成を実現していくのかを探求する学問として位置づけられています。しかし安藤さんは「そもそも教育とは何なのか」「なぜ人間は教育などという営みをなすのか」といった根源的な問いから議論を展開されています。そのアプローチがとても新鮮だと感じました。

安藤　教育学関係者の教育に関するオーソドックスな議論を聞きながら、いつもモヤモヤしていたんですよ。教育が何のためにあるのかという最初の出発点が見えていないところで議論してもなぁ……という感じで。それと私自身、いちおう大学教授になっていますが、勉強に関しては落ちこぼれという感覚があって、学校教育のあり方にずっと疑問を抱いていたんです。一生懸命に勉強してもあまり学力が向上しなくて、「何のためにこんな勉強をしなきゃいけないのか」と思いつつ、「国が国民にやれといっているんだから、きっと良いことを教わっているに違いない」と自分にむりやり言い聞かせながら……。よっぽど頭のいい人を除いて、受験に取り組んだことのある人なら誰でも同じような思いを抱いたことがあると思います。あらためて振り返ってみても、自分が受けてきた学校教育がすべての面において本当に役に立ってきたのか。国民全員が教育というものに当たり前に投入されていますが、どこかにおかしいところがあるんじゃないかという思いがあったんです。

萱野　みずからの体験のなかに教育そのものの自明性を疑う契機があったんですね。なぜそれが存在するのか、という問いはきわめて哲学的です。この場合ですと、なぜ教育などというものが存在するのか、という問いですね。

安藤　萱野さんはいくつかの著書で「国家はなぜ存在するのか」という哲学的な議論をされていますが、とても似ているものを感じています。国家の存在は誰にとっても当たり前のもので否定することはできません。教育の存在も人間社会にとって自明のものです。国や文化によって制度や内容の違いはあっても、教育そのものはどんなところにも当たり前に存在していて、たとえば発展途上国の支援にしても、教育支援はプライオリティのトップに必ず入りますよね。現在と同じようなかたちだったわけではないですが、歴史的に国家も教育もずっと人間と共に存在してきた。その発生には、何か人間特有の機能が関わっているはずなんです。

萱野　著書『なぜヒトは学ぶのか』（講談社現代新書）で安藤さんは、人間を「教育によって生きる動物である」と規定しています。他者に何かを教える、他者から何かを学ぶ、という教育の営みが、人間という存在にとって普遍的でプリミティブ（根源的）な要素をなしている、ということですね。これはとても示唆に富む指摘です。

安藤　そこに思い至ったのは、あるとき自分に「ダーウィンという神が降りてきた」という感覚なんです（笑）。若い頃はなんでもかんでも「適応」や「遺伝子を残すこと」で説明することに対して懐疑的なところもあったのですが、人間を生物学的な視点でとらえてみると、やはり有無をいわさぬパワフルな説明力に圧倒されたんです。ヒトは生きるための知識を他者と交換しながら生きる動物として生まれついている。それをもっとも合理的に説明できるのは進化論だと気づいたんです。私にとってコペルニクス的な転換でした。もっともこれは私の発見というわけではなく、近年の進化生物学、進化心理学、脳神経科学などの研究、知見が示唆していることです。ヒトという動物は他の動物と違って知識を自分だけのものにするのではなく、他者に伝えたがるように生物学的にできている。これはヒトの本質のひとつなんですね。脳科学的にいえば、人間の脳は他者から知識を教わり、教わって学ぶ〝教育脳〟とでもいうべき、ヒト特有の発達を進化の過程で獲得したと考えられます。それが人類の発展の根本にあるはずです。

萱野　教える・学ぶという行為は人間の脳に組み込まれた行動形態であるということですね。たとえば私たちは飲み会などの場で酔っ払っていても、相手が何か間違ってものごとを認識していると感じたら、それを是正しようとしますよね。飲み屋でよく「違うよ」などと話している場面を実際に見ます。これも広い意味でとらえれば、正しい知識を教え、共有しようとする教育的な行動といえる。学校教育のような制度化された教育とはまったく異なる形態ですが。

安藤　そうした行動が教育の原点だと思います。

萱野　暇つぶしのネットサーフィンにおいてすら、私たちは知識や情報を集めようとしますよね。

安藤　ネットサーフィンで知識や情報を集めようとする人がいる一方、ウェブ上に何らかの文脈を作って人に何らかの知識や情報を伝えたいという人がいるということで、これも知識の分配という教育的な行動といえるでしょう。

〝知識〟にがんじがらめにされた人間の世界

萱野　教育は、教えよう、教えてもらって学ぼう、という両者が合わさって成り立っています。そう考えると、教育は人間社会のありとあらゆる場面で営まれている活動だといえますね。

安藤 人間に一番近い生物とされるチンパンジーでも、教育といえる行動は一切していません。これは教育がヒト特有の行動形態であるということでもあります。この教育という行動の特徴として重要なポイントは、無償でおこなわれているということなんですね。他者に何かを教えること、教えてもらって何かを学ぶこと、それ自体が報酬や対価がなくてもうれしかったり、楽しかったりする本能的なものなんです。

萱野 大学で教員をしている身からすると、とても説得力のあるお話です。学生が何か質問にきたら、やはり仕事を抜きにしてうれしく思いますし、がんばって教えようと思いますから。

安藤 そこで、授業料を払ってもらっているから仕方なく教える、というふうには絶対にならないですよね。

萱野 質問に対して丁寧に応じても応じなくても給料は変わらないわけで、作業効率だけを考えたら学生が質問にこないほうがいいということになりますが、それでも学生の質問にはうれしく対応してしまうものですよね。こうした無償性もたしかに人間の教育に特有なものですね。

安藤　〝学習〟だけなら実は、単細胞のゾウリムシでもしています。ゾウリムシは過去に自分が適応した環境を記憶し、変化が生じると、その環境を再現するために行動するんですね。あらゆる生物は学習をおこなうことで生存しているといえます。そんななかで、人間は知識を学習して自分の生存のためだけに使うのではなく、教育を通じて知識を他者と共有しながら使います。このような知識の使い方は人間だけの特異性といえるでしょう。聖書に「人はパンのみにて生きるにあらず」という言葉がありますが、人間が膨大な知識によって生活を支えられていることを思えば、「人は知識によって生かされている」といえるわけです。社会的な動物は進化の過程で〝互恵的利他性〟と呼ばれる特性を獲得してきました。これは利己的な遺伝子の乗り物である動物が、遺伝子を生き残らせるために一見利他的な行動をとる性質のことですが、この互恵的利他性が知識に関して発揮されたのが教育といえるでしょう。

萱野　なぜ人間にはそうした行動形態が備わったのか。やはりそれは、人間が生きる世界が知識によって組み立てられているからなのでしょうか。

安藤　そう考えたときに一番納得できるんですね。私たちの生きている世界のありとあらゆるところに知識は入り込んでいますから。ある意味、私たちの生きる世界は知識によってがんじがらめにされているともいえるぐらいです。しかし、たとえば20万年前に狩猟採集をしていた人類の知識は、現代のそれとはまったく異なるでしょう。では、彼らに教育はあったのかという疑問が当然出てきます。そこで2011年に今も狩猟採集の生活を営んでいるカメルーンの先住民、ピグミーの一族であるバカ族の村までフィールド観察に行ってきました。これまでの文化人類学者たちの報告では、ピグミーの文化伝達の特徴は「教育がない」こととされていたんです。しかし、実際に現地に行って調査してみると、たしかに制度化、慣習化、テキスト化された教育はありませんでしたが、何らかの知識を教え合う教育行動がさまざまなかたちで見つかったんです。

萱野　現代の文明社会とは異なる原初的な社会に生きる人たちもまた、食べ物や動植物、地形、天候など、自分たちの生存圏に関わることについては膨大な知識を持っていますよね。現代の文明社会であろうが、原初的な社会であろうが、人間はつねに膨大な知識のもとで生きています。そうした膨大な知識があることで、人類は絶滅せずに生存してこられたともいえる。だからこそ、我々は知識を教え合い、教育をせずにはいられないような存在へと進化してきたのでしょう。

教育におけるふたつの側面

安藤　「生物が生きるための〝三欲〟」といったとき、〝食欲〟と〝性欲〟はすぐ出てきます。続く3つ目として〝睡眠欲〟や〝排泄欲〟が挙げられることが多いのですが、私は〝知識欲〟あるいは〝学習欲〟だと考えています。睡眠や排泄は欲というよりも生理的な機能でおこなうものでしょう。一方、食欲と性欲は、生存や繁殖のために必要不可欠なもので、それが枯渇しているから、外部から取り込もうとしたり、自分のものにしようとしたりします。知識もまた、そうした欲に近いかたちで吸収しているんですね。

萱野　その考えは斬新ですね。睡眠欲や排泄欲より知識欲のほうをなぜ重視すべきなのかといえば、その知識欲が自分とは異なるものを自分のなかに取り入れようとする欲求だからですね。その点で、知識欲は食欲や性欲と同列に置かれるべき欲求だといえるでしょう。それに知識欲は人間の生存にかなり近いところで発揮されています。たとえば大学で教えている学生のなかにはアイドルオタクの学生がときどきいるのですが、その学生たちはアイドルの追っかけをするために、どういう移動手段と宿泊方法がもっとも安くなるのかを徹底的にリサーチしています。授業にはあまり熱心でなくても、実践的な知識の吸収については非常に熱心なのです。

安藤　興味のない人からすると「くだらない」と思うようなことでも、好奇心を持つことにのめり込むことは生物学的快感があるし、それだけでなく実際に多くのことを学んでいるでしょう。それは電車の乗り継ぎとかだけではなく、ひょっとしたら自分の好きなアイドルの活躍を見ることで、みずからの生き方を振り返ってみるとか、自ずと何かしら大きなことも学んでいるんですよね。

萱野　どんなことであれ、ヒトは個々の知識を学ぶことで価値観や世界観をかたち作っていきます。それはもはや人間にとっての生存の条件といっていいかもしれません。

安藤　その通りですね。実用的な意味でも哲学的な意味でも、何を学んでいるのかということが社会での生き方、どのように生きているかということを規定してしまいます。それがおもしろいところでもあり、怖いところでもあります。

萱野　人生はいってみれば選択の連続です。今日の昼食に何を食べるかというレベルから進学、就職、結婚まで、ありとあらゆる行為が選択の結果として成り立っています。そしてその「選択する」という営為の前提となるのは、これまでに学んできた知識であり、そこから得た価値観や世界観です。それを考えたら、何を学んできたかによって人生が決まるといっても過言ではありませんね。

安藤　知識が将来の選択肢、可能性を決めるのですから、もはや人生そのものともいえるでしょう。

萱野　教育は個人の生き方だけでなく、共同体のあり方をも規定していますね。

安藤　教育によって共同体を維持しようとする行動も生来的に人間に組み込まれているものでしょう。知識を継承することによって、知識の共有で成り立っている共同体を維持、もしくは拡大していくことは、自分自身の生存と深く関わりがあります。ヒトを取り巻く世界はつねに何かしらの問題を抱えていて、それを解決するために知識を共有する必要がありました。そして、その知識を次世代に伝えて育てていく。教育とは突き詰めていえば一緒に問題解決をする仲間を作るということです。学校という教育制度の本来の機能と目的はそこにあるはずで、それが国家のレベルで教育制度を作っていることの理由ではないでしょうか。国家を動かしている根本にあるものは、教育と同じものではないかという気がしています。また、教育には社会的ルールを教えて自己抑制を学ばせるという側面がありますが、国家が暴力によって、国民をコントロールしていることとも共通しています。これも萱野さんの著作を読んで感じたことですが。

萱野　社会的ルールを教えて自己抑制を身につけさせるということは、社会のなかで逸脱的な行動をとらないようにさせるということですから、まさにそれは、国家が強制力によって社会秩序を維持しようとすることと根本では共通しています。つまり教育にはふたつの側面があるということですね。一緒に問題解決に取り組む仲間を作るという側面と、社会関係のなかで逸脱的な行動を人々がとらないようにさせるという側面です。ここで重要なのは、どちらの側面も人間同士が協力し合い、社会が維持されていくことを目的としている、という点です。国家が教育に強い関心を持つのも、これらふたつの側面が教育にあるからですね。人類はこれまで、他者と協力し、社会を形成することで生存してきました。教育はそうした人類の存在様態に深く関わっている。もちろん教育に強い関心を持っているのは国家だけではありません。一般の人々も、誰もが教育評論家になっているといっていいぐらい教育には一家言を持っています。それだけ教育は人間の本質に深く組み込まれているということですね。

教育への存在論的アプローチ

安藤　先にお話ししたように、学校という教育制度には多くの疑問を持ってはいるのですが、同時に非常によくできた制度だとつくづく感じています。

萱野　教育は知識と規律で人の行動を方向づけようとする側面を否応なく持ってはいますが、同時に人間の生存に役立つのでなければ、そもそも制度として維持されることはできませんからね。

安藤　一方的な搾取ではありえないし、やはり多くの人が学校教育に恩恵を受けていることは、間違いないですね。

萱野　安藤さんは先ほど、教育と国家に共通性を感じるとおっしゃっていましたが、国家についても同じことが当てはまると思います。国家は強制力によって人々を抑圧しますが、同時に人々が他者からの暴力に自力で対処しなくてもよくなるという大きな恩恵も与えます。そこに、人間の生存にとっての大きな合理性があるから、国家は多くの批判にさらされながらも、あるいは国家を廃絶しようとする動きにのみ込まれそうになっても、すぐに復活し、存続し続けてきたのです。その点、抑圧や搾取の面だけを見て教育や国家を「悪」と見なす発想はきわめて稚拙ですね。こうした稚拙さから抜け出るにはどうしたらいいか。やはり「良い・悪い」という議論をいったんカッコに入れて、それがどのように成り立っているのかということを、ものごとの本質から考えていくことが必要です。哲学の言葉でいえば、当為論（べき論）から存在論へ、ということです。安藤さんは、教育というものがなぜ存在し、どのように成り立っているのかを人間の本質から考えているという点で、まさに存在論を教育学の分野で展開されているのだと思います。

安藤　そういえるのかもしれません。そこで答えを与えてくれたのが、ダーウィニズムということになります。進化の過程で人間は〝教育脳〟を獲得したのではないか、と。

萱野　人類もまた生物である以上、環境に適応しながら進化してきました。その結果として、人類は〝互いに教え合い、学び合う〟という傾向性を獲得してきたということですね。安藤さんは、日本の教育学の世界では珍しく、人間もまた遺伝によって条件付けられていることを重視しています。これに対しては「ケシカラン」という意見もあるかと思います。「人間の才能を開花させるべき教育学の分野で、人間の知能や性格が遺伝子によって条件付けられていると主張するなんてケシカラン」と。しかし人間が遺伝子や環境によって条件付けられているという考えは、脳科学や進化生物学などの科学では当然のことです。具体的にどう条件付けられているのかを考えずに、政治的・道徳的に「ケシカラン」といっても何も議論は深まりません。

安藤　教育学に関わる人のなかにはリベラルな立場から学校教育を敵視する人もいますし、逆に国家が創り上げた学校教育こそがオーセンティックなものととらえる人もいます。ただ、そうしたイデオロギーによった議論は、根拠薄弱で説得力がないと思います。エビデンスにもとづいた、もっと科学的な議論が必要な状況だといわねばなりません。

学力は遺伝の影響が50パーセント

萱野　重要なのは、たとえそれがどれほど耳障りなものだとしても、科学的な方法によって得られた知見をまずは謙虚に認めたうえで、そこからより良いものを作っていくにはどうしたらいいかを考えることです。人間が生まれながらに教育するという傾向性を持っているという点でいえば、安藤さんがご著書で紹介されていた「赤ちゃんと教育」のエピソードはとても興味深いものでした。

安藤　21世紀になってから、乳幼児の発達心理学などさまざまな研究の成果として、子どもは言葉を話し始める前から教育によって学び、さらに第三者にものを教えようとする能力があることがわかりました。たとえば2歳に満たない子どもでも、簡単なパズルゲームを用意して大人がわざと間違えてみせると、大人の顔を見て、正しいものを指さして教えようとします。このように他人に教えるという行動がもっと小さな年齢のときからみられることを示す研究は、相次いで報告されています。

萱野　少し前には次のような研究も話題になっていました。まず、生後6カ月未満の赤ちゃんに、一生懸命に坂を登ろうとしている「●」を見せて、次に「●」を押すように手助けをする「▲」と、「●」を落とすように妨害する「■」の動きを見せます。その後、その赤ちゃんに「▲」と「■」のどちらかを選ばせると、手助けをした「▲」を選ぶ、という研究です。子どもは具体的に善悪を教わる前から生得的に、ある種の道徳意識を持っている、ということです。

安藤　生物は遺伝子の乗り物で、基本的に個体レベルでは遺伝子を残すための利己的な行動をとるものですが、人間は規範のように個体レベルを超えた制約的なものを無意識のうちに感じ取って従ってしまうんですね。言葉を話し始める前の乳児がそんな行動をとるということは不思議ですが、それは人間の生来の機能ということでしょう。

萱野　これは「人間は〝白紙〟で生まれてくるわけではない」ということを示していますよね。これまでリベラルな政治意識では「人間はまっさらな白紙の状態で生まれてくるのであり、その後の環境や社会のあり方によって良くも悪くもなる」という考えが前提とされてきました。その前提があるからこそ、犯罪が起こるのは社会のせいであり、男女間で考えや意識が違うのも社会的規範や文化がそのような考えや意識を男女に植えつけるからだ、と主張されてきたわけです。しかし、人間が〝白紙〟で生まれてくるなんてことは科学的にはありえません。存在論的にいってもありえない。人間は酸素がないと生きられないよう条件付けられています。同じように人間という存在は、教え合うという傾向性や一定の道徳感覚を持って生まれてきます。もちろん、それはあくまでも傾向性として持っているということですので、すべての人間に100パーセント当てはまるものではなく、そこから逸脱した特徴を持つ人間はつねに存在しえます。しかし、そのことによって人間が身体のレベルだけでなく、考えや意識のレベルでも生得的に条件付けられているということ自体を否定することはできません。

安藤　それはアプリオリなものです。そうした条件付けを否定することは、存在そのものを否定することになる。そして、ヒトが種としてそういった条件付けがされているのと同じように、身長の高低やスポーツの得意不得意など、人間のあらゆる個人差というものの根本には遺伝子の多型があります。それを実証したのが行動遺伝学なんですね。学業成績にも遺伝的な個人差が大きく関わっています。遺伝か環境かという対立はずっとあり、現在では両方が影響するという〝相互作用説〟が定説になっていますが、それでも議論をしていると「やっぱり環境が重要だ」という方向に落とし込みたがる発想を多くの人が持っています。遺伝の影響についてはあまり言及したがらない。そこで、私はあえて偽悪的に遺伝の影響の大きさを強調しています。どれだけ勉強をがんばっても東大に入れない人はいるんだ、と。それは勉強に限った話ではありません。どんな能力だって遺伝のあらわれなんです。人は自分が持っている遺伝的条件からは逃れられないんです。

萱野　ほとんどの人はどんなに努力してもウサイン・ボルトのようには速く走れません。

そこには遺伝的条件がどうしようもなく存在している。だから「努力すればどんな夢でも叶う」と述べることは本来は欺瞞的なんですよね。ただ、スポーツであれば、たいていの人は遺伝的な能力が大きな影響を持っていることを素直に認めます。しかし、勉強などの知的能力については、なかなかそれを受け入れられない人が多いようですね。知的能力の場合、実際には遺伝の影響というのはどのぐらい大きいのでしょうか。

安藤　行動遺伝学のさまざまな研究で得られたエビデンスが示すのは、学業成績について遺伝の影響は、誤差やブレを差っ引いて、おおむね50パーセントぐらいということです。その他は、家庭環境の違いが30パーセント、先生の教え方や本人のなかで変えられる要因の違いは20パーセント程度になっています。ですから、遺伝の影響はとても大きいんですね。そういう意味では、誰もが学校に入れられて「みんな平等である」という幻想のもとで競争させられる今の社会はすごく残酷だと思います。

萱野　まず、学業成績においても遺伝の影響が大きいということを出発点として認めなくてはならないということですね。

安藤　そうです。学業成績にも遺伝の影響が大きくあるという事実認識を前提として、そこから先に進むための研究をするのが我々の仕事だと考えています。そこで一人ひとりが、どのように学習して、どんな知識を得ていけばいいのか、それを考えられるような仕組みを検討して同時に発信していく必要があるでしょう。今の学校教育や受験は、一部のＩＱが高い人が有利な制度になってしまっていますが、新しい教育制度を作っていくために、こうした危機意識を共有できる人たちと議論を重ねていきたいですね。しかしそもそも、その前提がなかなか共有されない。まあ、わからないではないですが。

多様な遺伝と学習の意義

萱野　一律的な教育にはたしかに、すべての子どもに一定の知識を教えられるというメリットがありますが、他方ではそれによって自分の特性を生かせなくなってしまう人もいるはずですね。

安藤　一律教育の必要性を根本から問い直したいという気持ちがあります。中学校で教えているすべての科目を理解しようとしたら、かなり難しいですよ。あそこまで高度なものが全員に必要なのか。一律の学校教育以外に、一人ひとりののっぴきならない適応性や遺伝的素質の個人差を前提とした学習環境の構築も考えるべきでしょう。インターネットを使った教育空間はすでに成り立っています。技術的には、もっと多様な学習環境の設計がいくらでもできる時代になっています。これまでの話にも出てきたように人間は本質的に教育をする生物であるということを考えれば、いわゆる〝脱・学校〟を実現できる可能性は十分にあると思います。

萱野　たとえ学校という制度的枠組みは残るとしても、その重要性はきわめて小さくなっていくことは考えられますね。いずれにしても、時代状況が変化するなかで、より良い学習環境をどう整備していくのかを私たちは考え続けなくてはなりません。知的能力における遺伝の影響は50パーセントあるといっても、残りは遺伝以外の要因が作用するわけですから。

安藤　俗にいう地頭的な頭の良さは遺伝の影響が大きいのですが、一方で当たり前のことですが知識は学習しないと身につきません。その知識をデータベースのように活用することであらわれる能力もありますから、遺伝的に頭が良くても一切勉強せずにいたら当然、学業成績は高くなりません。

萱野　遺伝の影響が大きいからといって、勉強することに意味がないわけではないということですね。逆に遺伝的な才能を発揮させるためにも、より良い学習環境が必要であるともいえます。

安藤　人口のうち上位2パーセントのＩＱを持っている人しか入れない〝メンサ〟のメンバーなのに、実生活ではさえない毎日を送っているような人も結構いると聞きます。学校で一律に同じ勉強をしていたときに目から鼻に抜けるような頭の良さを示していたとしても、その後の自分の関心や行動によって差は出てきてしまうんですね。ですから、どのような知識を実装して、それを社会的な成果とどう結びつけるかという話は、単純なＩＱや地頭の遺伝では語れないんです。

萱野　そこではむしろ各人の行動の重要性がクローズアップされてきますよね。環境は可変的なものですから、各人の行動によっても変化します。どのような知識と出会い、そこからどのような知的刺激を受けるかによっても、遺伝的な才能の発揮のされ方は変わってくるわけですよね。

安藤　その通りだと思います。こういう仕事をしていると、子どもの遺伝的な素質をどうやったら見抜くことができるか、といった質問をされることがあるのですが、そんなことわかるはずがない（笑）。

萱野　それこそ多様ですし、将来、才能を刺激するどんな環境が待っているかなんて誰にもわかりません。

安藤　遺伝の影響の多様性は、もはや無限といっていいぐらいです。膨大な情報の組み合わせから成り立つそれぞれの予測不能で豊かな遺伝の影響のもとに、状況に応じて自分の能力を作っていくしかないんだと思います。

萱野　逆に、今の学校教育の制度では、そのほんの一部しか評価できていないことを見直すべきですね。少なくとも、才能についての遺伝的な特質は自分でもわからないわけですから、あまりそこにとらわれる必要はないということですね。

安藤　自分が遺伝的にどのような優位性を持っているかということは、現段階では遺伝子検査をしてもわかりませんからね。ちなみに、萱野さんは若い頃から哲学に興味があって、この道に進まれたのですか。

萱野　いや、自分が学問の世界に進むこと自体、まったく予想していませんでした。哲学に特別興味があったというわけでもありませんでしたし。ただ、今から振り返れば、哲学的なものの考え方だとか関心の持ち方というのが多少はあったのかもしれません。そうしたほんのちょっとした性質が、たまたま読んだ本だとか、周囲の人たちと議論したことなどと組み合わさって、少しずつ哲学に興味を持つようになったんだと思います。結果的には、思いつきで留学したことなどが契機となって、哲学の研究に進むことになりました。

安藤　やっぱり自分の好きなことにこだわることは大事なんですよね。誰から見てもわかるような圧倒的な才能はほとんどの人が持っていないわけで、そこで多くの人は自分の能力を絶対的な基準と比べて「たいしたことない」とか「とるに足らないもの」と矮小化してしまうのでしょう。しかし、自分が何かをすることに対して好きという気持ちや好奇心を感じているとしたら、それを育てていく権利はあるんだということは強く訴えたいし、周りの人がそれに気づいたのなら、それを認めてあげることはとても重要なんです。おそらく、何かに秀でている人の出発点はそこにあります。遺伝に無限の多様性があるということは、全員が違う人であり、凡人はいないということです。そこに序列を作ってしまうのは、文化や価値観でしかありません。そういうところからこぼれ落ちてしまうような人をすくい上げる制度を作りたいんです。

萱野　それは、決して抽象的な理想論ではなくて、冷徹な科学的知見があるからこそ生まれてくる具体的な提言ですね。

安藤　遺伝的な頭の良さと関係なく、社会のネットワークのなかで自分の居場所を見つけて、そこできちんとした役割を果たして自尊心と幸福感を得ながら生きている人は大勢います。それが成立している基盤はいったいどんなものなのか、それを理論化して目指すべき社会像の実現を考えたいな、と。青臭いとは自分でも思いますが。

萱野　学業成績がいいことよりも、周囲の人たちと楽しい関係を築けて、日々の生活のなかで幸せを感じられる能力のほうが生きていくうえで重要ですよね。それが成立する基盤を学問的に明らかにして、社会の改革に生かせるなら、とても意義のあることだと思います。

宇宙から見た人間——
なぜ人間だけががんにかかりやすいのか？

吉田たかよし
［医学博士］

よしだ・たかよし

1964年生まれ。医学博士。受験生専門の心療内科「本郷赤門前クリニック」院長。浜学園教育顧問。東京大学大学院工学系研究科修了後、NHKに入局。その後、東京大学大学院医学研究科・医学博士課程修了。加藤紘一元自民党幹事長の公設第一秘書、東京理科大学客員教授も歴任。主な著書に『受験うつ』(光文社新書)、『宇宙生物学で読み解く「人体」の不思議』(講談社現代新書)など。

[初出「サイゾー」2019年10月号、11月号]

〝はやぶさ2〟と生命の起源

萱野　吉田さんは東京大学大学院で、宇宙全体の観点から生命の成り立ちを考察する〝宇宙生物学〟を研究された後、医学部に再入学して医師免許を取得されました。NHKアナウンサーや政治家の秘書としても活躍され、現在は受験生専門の心療内科クリニックを開業されています。こうしたきわめて多岐にわたる経歴から吉田さんが「人間とは何か」という問いについてどのようなお考えを持っているのかを、今回はおうかがいしたいと思います。まずは時事的に話題になっていることでもありますし、小惑星探査機〝はやぶさ2〟の話から始めさせてください。

吉田　よろしくお願いします。

萱野　はやぶさ2が地球近傍小惑星〝リュウグウ〟の地下物質サンプルの採取に成功しました。このニュースは「生命の起源に迫ることができるかもしれない」と話題を呼んでいますが、そもそも宇宙の小惑星の地下物質と生命の起源がどうして関係があるのか、疑問に思う人も多いのではないかと思います。この点からご説明いただいてもよろしいでしょうか。

吉田　まず、地球上に存在している生命を構成するもっとも基本的な物質は、水とアミノ酸です。

萱野　この2つが、生命が誕生するための根源的な必要条件であるということですね。

吉田　この2つがあれば、生命誕生の最低限の条件はクリアできます。まず、水は宇宙の至るところに存在しています。彗星は〝汚れた雪だるま〟なんていわれているように、ほとんどが凍った水でできていて、太陽の熱で溶けるから尾ができるのです。地球上の水の供給源は彗星や小惑星ではなく、宇宙空間に漂う有機物が起源だという説も提起されていますが、いずれにしても水は太陽系に比較的多く存在しているので、問題になるのはアミノ酸がどこから来たのか、ということになります。

萱野　アミノ酸といえば、結合して〝タンパク質〟を作るもの、というイメージがありますが。

吉田　アミノ酸から作られるタンパク質が、生物の〝細胞〟を構成するためにもっとも重要な物質なんです。地球上で生きている生命はすべて、アミノ酸を組み合わせて作られた精密機械ともいえます。このアミノ酸がどこで生まれたのかという問題は、昔からさまざまな議論になってきました。かつて有力だったのは、アミノ酸は原始地球で生成されたとする説。1953年のアメリカの化学者ミラーの実験によるものです。この実験では原始地球の大気の成分とされるメタン、アンモニア、水素、水の混合気体に雷を再現する放電をおこない、数種類のアミノ酸の合成に成功したんです。しかし、後に原始地球の大気にメタンやアンモニアが含まれていなかったことがわかり、ミラー説は怪しくなってきました。そこで、アミノ酸は地球ではなく、宇宙空間で合成されたのではないかという説が浮上してきます。それが何らかの方法で地球に運ばれて生命のもとになった、ということですね。私も東大工学部にいた頃、野辺山宇宙電波観測所で牡牛座暗黒星雲から飛んでくるマイクロ波のなかにアミノ酸が合成される化学反応の痕跡を探すという研究プロジェクトに参加していました。しかし、アミノ酸の検出は大変難しく、これまで誰も成功していません。

萱野　宇宙空間でアミノ酸が合成されたと考えられる理由には、どのようなものがありますか。

吉田　太陽系にアミノ酸が存在する間接的な証拠はたくさん見つかっています。たとえば、宇宙から飛来した隕石からもアミノ酸が見つかっています。隕石の表面には地球のアミノ酸が付着してしまっているのですが、隕石の内部からもアミノ酸が発見されているので、これは宇宙にアミノ酸が存在するという証拠のひとつです。とはいえ、隕石の内部で見つかったアミノ酸は微量なので、実験中の混入も完全には否定できません。ですから、はやぶさ2が持ち帰ってくる〝リュウグウ〟の地下物質が重要になるのです。もし、そこからアミノ酸が見つかれば、それはアミノ酸が太陽系に存在するという決定的な証拠になります。さらに、46億年前に太陽系ができたとき、地球などの惑星は誕生時のエネルギーでドロドロに溶けていますから、当然アミノ酸も壊れてしまっています。しかし、リュウグウなどの太陽から離れた小惑星は太古の状態をとどめているため、その地下物質からアミノ酸が検出されれば、アミノ酸は太陽系よりもさらに古いということになります。ということは、地球と同じタイプの生命が宇宙のさまざまな場所に存在していてもおかしくないわけです。そこにロマンがあるんですね。

木星が人類の進化に与えた大きな影響

萱野　水とアミノ酸が宇宙の至るところに存在しているのであれば、環境さえ整えば、どこでも生命が誕生する可能性はあるということですね。では、地球上の生命は、どのようなステップを経て生まれたと考えられるでしょうか。

吉田　まず細胞を再生産することができる能力を持つことを原始的な生命の定義としましょう。その誕生には複数の説がありますが、有力なのは、まず生命が誕生する前段階として細胞の原型となる〝コアセルベート〟という小さな袋状のものができたという説です。

そこにアミノ酸が取り込まれて酵素ができ、膜の外のものを取り込む代謝の機能が生まれ、何らかの偶然でタンパク質の鋳型となる遺伝物質ＲＮＡが細胞に含まれて、再生産がおこなわれるようになった――この生命誕生のプロセスがおこなわれた場所として有力視されているのが、海底の〝熱水鉱床〟です。

萱野　熱水鉱床とは具体的にはどのようなところですか。

吉田　海底の火山活動によって熱水が噴き出し、そこに含まれる成分が冷却されて沈殿している鉱床です。ここでは水が高温高圧によって超臨界という特別な状態になっており、アミノ酸が自動的に結合することも可能です。さらに、熱水鉱床から少し離れたところでは水の温度は一気に下がっていて、この極端な温度差をエネルギー源に利用して生命が誕生したと考えられているのです。

萱野　その熱水鉱床と同じような条件が整えば、地球以外でも生命誕生の可能性はありえるわけですね。

吉田　たとえば木星の衛星エウロパには広大な海があり、海底には熱水鉱床が広がっているといわれています。そのほかにも、かつての火星や土星の衛星タイタンにも生命が誕生しうる環境があり、そう考えると、太陽系に限っても地球以外に原始的な生命が存在する可能性は低くないでしょう。ただ、地球に誕生した生命の場合は、当初こそ熱水鉱床の熱をエネルギーにしていましたが、やがて光合成という太陽エネルギーを利用する仕組みを持つシアノバクテリアが登場し、光合成によって地球上に酸素が増えると、今度は酸素を細胞の分裂に利用する生物が誕生――と進化を遂げていったんですね。ここでちょっとおうかがいしたいのですが、萱野さんはいわゆる〝宇宙人〟は存在すると思いますか。

萱野　地球外に生命が存在する可能性はあっても、人間のような高度な知性を持った生物が存在するかどうかはまったく別の話なのではないでしょうか。

吉田　そうです。地球外に生命が存在するということを、一足飛びに知的生命体が存在することと同一視してしまう人は案外多いのですが、これはぜんぜん違う話なんですね。地球上に生命が存在するのは必然だと思いますが、人間が存在するのは奇跡中の奇跡といってもいいぐらいの偶然が重なった結果だといえます。たとえば、もし月がなかったとしたら、人間は地球上に存在していないでしょう。

萱野　月がなければ、地球に生物はいても、人間までは進化しなかったということですか。

吉田　月の潮汐力によって大陸まで潮が押し寄せて地殻を削った結果、ナトリウムが海に溶け出して〝塩水〟という環境ができあがりました。人間の体はナトリウムイオンを使って神経や筋肉をコントロールしていますが、それは生命を育んだ海水に由来しています。もし、月がなかったらこのような進化はありえなかった。この海水の環境を作ることになった月も、太陽系ができたばかりの約45億年前、地球に原始惑星が衝突した〝ジャイアント・インパクト〟のときの破片が集まってできたものとされています。太陽の寿命自体があと50億年程度といわれていますが、もし月がなかったら、人類の誕生はそれまでに間に合っていなかったでしょう。

萱野　原始的な生命が誕生した約38億年前から人類の誕生まで長い時間がかかりましたが、その間には宇宙の成り立ちに関わる偶然もあったということですね。その過程をひと言であらわすなら、何といえるでしょうか。

吉田　それは破壊と創造の連鎖だと思います。その意味でもっとも大きな影響を与えたのは〝木星〟の存在でしょう。

萱野　木星ですか。

吉田　木星の位置が絶妙なんです。この木星の距離が近すぎても遠すぎても、今の人類は存在しなかったと思います。人類が誕生するに至ったもっとも大きな分岐点は、6500万年前にユカタン半島沖に隕石が落ちて恐竜が絶滅したことです。それまで恐竜に見つからないよう夜中にコソコソと活動していた哺乳類が活動領域を広げるようになり、急激に進化していきました。その頂点に立っているのが人類といえるわけです。それ以前にも何度か、隕石やそのほかの環境の変化によって地球上の生物は大量絶滅してリセットされています。生物の進化には適度な間隔のリセットが必要なんですね。そのなかで人類にとってもっとも重要なリセットが6500万年前の隕石だったのです。もし木星の軌道がもっと外側だったら、木星の重力の影響が少なくなるため、地球に頻繁に隕石が降ってくることになります。6500万年前に恐竜がリセットされたことが哺乳類にとっては幸運だったわけですが、その後に同規模の隕石が降ってこなかったことも大きい。もし、降ってきていたら、そのときは哺乳類がリセットされて、また違う種が台頭していたはずです。ただし、高度な知性を獲得するには6500万年という年月が必要なので、リセットが頻繁だといつまでたっても高度な知性には到達できないはずです。逆に木星の軌道がもっと内側だったら、木星の重力に引っかかるので、6500万年前の隕石は降ってこなかった可能性が高い。そうなれば、今でも恐竜が地球を支配していたかもしれないし、少なくとも哺乳類が台頭する時代はもっと遅くなっていたはずです。

萱野　木星と地球との距離が人類誕生の大きな鍵となっていたなんて、ものすごく壮大な生命観ですね。ところで、そうした隕石の落下による環境の激変も含めて、人類の誕生に至る生命の進化の過程というのは、複雑化の過程として考えられるものでしょうか。

吉田　単純に見える生物が複雑なシステムを作り上げていることはよくありますから、人間がもっとも複雑な生物であるとは断定できませんが、約40兆という細胞の数だけ見れば、それだけ複雑化しているということは間違いないでしょう。そしておっしゃる通り、環境の変化による大量絶滅は地球上で何度も起こっていて、その後に生まれた生物はたしかにより複雑化しています。シアノバクテリアの登場によって原始地球にはなかった酸素ができましたが、当時の生き物にとって酸素は有毒でしたから、数多くの種が死に絶えました。しかし、今度はエネルギー効率のよい酸素を呼吸に利用する生物が生まれてきたのです。古生代にはカンブリア大爆発が起きて生物は一気に多様化しましたが、P－T境界（1）で大量絶滅があって、その後の中生代で恐竜と哺乳類が誕生しています。環境の激変による大打撃で淘汰され、生き残った種が新たな環境に適応するために新たな体の仕組み、生きていく仕組みをより複雑化させるほうに進化していったといえます。

（1）P－T境界　ペルム紀（Permian）と三畳紀（Triassic）の境界。ペルム紀末期の約2億5100万年前に発生した環境変化によって地球上の生物の約9割が絶滅し、新たな生物の発展が起こった。

地球の生命を創造したもの

萱野　複雑化の結果として、地球上の生物はかなり多様化しました。ただその一方で、地球上の生命は水とアミノ酸から生まれたことを考えると、むしろ生物全体で共通しているところも多いのかもしれません。

吉田　これもまたびっくりすることなんですが、地球上のあらゆる生物の細胞の構造、働きは、基本的にすべて同じ。極論すると地球上の生物は〝一種類〟しかいないともいえます。バクテリア、原生生物、菌類、植物、動物、人、すべて細胞が生きる基本的な仕組みは共通しているんですね。

萱野　私が吉田さんの著作『宇宙生物学で読み解く「人体」の不思議』（講談社現代新書）を読んでとてもおもしろいと感じたのは、そのような基本的な仕組みのもとで人体の成り立ちを説明していくところでした。原子のレベルにおける基本的な仕組みから生命を論じていく宇宙生物学から見れば人間も他の生物と変わらない、という視点がとても斬新でした。

吉田　生命を化学的な反応から見れば、もちろんすべての生物は同等ですよね。人間だから特別な地位を与えるようなことはありません。ただ、そこには人間の〝精神〟や〝心〟

という観点が欠落しています。たとえば哲学者が人間を語るときは、そういった人間の確固たる意思や精神性といったものを前提にしているのではないですか。

萱野　そこは哲学者によっても変わってきますね。人間の意思や精神性を重視する哲学者がいる一方で、人間の身体や物質性を重視する哲学者もいます。両者の違いを端的にあらわすと、人間は信じるから祈ると考えるのか、それとも祈るから信じると考えるのか、という違いです。私自身はどちらかといえば後者の立場です。人間の精神性はとりあえずカッコに入れて、まずは〝存在〟としての人間がどういったものなのかというところから考えていこうという立場ですね。

吉田　それは、哲学者としては一般的な考え方なのでしょうか。

萱野　必ずしもメジャーとはいえないかもしれません。やはり中世以降のヨーロッパの哲学はキリスト教神学の発展と切り離せませんし、基本的に哲学は人間中心の学問として進展してきましたから。ただ、アリストテレスやスピノザ、ハイデガー、フーコーなど、そうではない哲学者の系譜も一方にはあって、そこでは逆に、人間中心の視点を一度カッコに入れることではじめて「人間とは何か」を明らかにできると考えられています。

吉田　なるほど。「人間とは何か」という問いは、立場によって答えが変わってきますよね。1000の立場があれば、1000の答えがある。そして、〝人間という物質〟は間違いなく存在しているわけですから、その物質がどうなっているのかという側面を見る意味は大きいでしょう。

萱野　そうした吉田さんの視点には、人間中心の哲学を破壊するほどのインパクトがあると私は感じました。すべての生命を同じ仕組みのもとで見た場合、人間を特別な存在として考えることはできなくなりますよね。

吉田　物質として見た場合はそうしないと成り立ちません。

萱野　そのうえではじめて、人間と他の生物との違いとは何かを考えることに意味が出てきます。その場合、その違いはやはり環境の違いということになるのでしょうか。

吉田　私は〝環境の多様性〟こそが生命を生みだした本質だと思います。

萱野　それは具体的にはどういうことでしょうか。

吉田　この宇宙ではあらゆるところでつねに〝エントロピー〟が増大しています。水に角砂糖を入れたら砂糖水になりますが、その砂糖水は角砂糖と水に戻ることは絶対にありません。これは「秩序があるものは、やがて秩序が崩壊して、乱雑な方向にしか進まない」というエントロピー増大則で、宇宙を支配している物理法則です。それを考えると生命は不思議な存在です。生きている限り生物は秩序を維持していますし、生命の進化も乱雑とは正反対の方向に進んでいます。これはエントロピー増大則に真っ向から反していることです。では、私たちがどのように生命活動を維持しているかというと、食べ物というエントロピーが低いものを摂取して、エントロピーの大きい便を排泄するという、エントロピーの差を利用しているわけです。人体のエントロピーが増大しなくても、その周囲の環境を含めた全体としてはエントロピーが増大している。宇宙全体を見ても、そんな存在は生命だけなんです。つまり、生命の本質はエントロピーの偏りといっていいし、環境がすべて一様な状態からは絶対に生命は誕生しません。

萱野　その場合、生命とは、エントロピーの高低差を利用して、環境のなかにそれまで存在していなかった秩序をみずから創造・維持する働きとして定義できるかもしれませんね。

発達した脳とがん

萱野　吉田さんのご著書で知ったのですが、生物のなかで人間だけが「がんにかかりやすい」という特徴を持っているんですね。これは「人間とは何か」を考えるうえでとても興味深いポイントだと感じました。

吉田　たしかにがんにかかりやすいというのは、人間ならではの特徴のひとつです。地球上に酸素が増えたことで生物は、酸素のエネルギーを使って細胞を爆発的なスピードで増殖させる能力を手にしました。しかし、人間の体内に入った酸素の一部は活性酸素と呼ばれる不安定で反応性の高い物質となり、細胞膜や遺伝子を傷つけて、細胞が無限に増殖するがんを抑制する機能を壊してしまうのです。人間は大きく発達した脳が大量に酸素を消費するため、それだけ体内の活性酸素の量も増えてしまってがんの発症を助長しているわけです。

萱野　一般には、人間が長生きするようになったことが、がんの高い発症率の原因とされています。ただ、遺伝子がかなりの部分で人間と共通するチンパンジーの場合、人間が健康管理をおこなって高齢になるまで生きたとしても、がんの発症率は人間と比べて低いそうですね。

吉田　はい。チンパンジーががんで死亡する確率はわずか2パーセントで、人間の場合、たとえば日本人だとがんで死亡する割合は約30パーセントにのぼっています。この差は活性酸素の量だけでは説明できません。考えられる原因は、また脳に関わるものなのですが、〝脂肪〟なのです。人間の脳は膨大な情報を効率よく処理するために神経を脂肪（脂質）で覆うことで絶縁体にしており、実際、人間の脳は約6割が脂肪でできているんです。この脳の絶縁体としての脂肪を作るために、人間は進化の過程で脂肪酸を合成する高性能な酵素を獲得しました。がん細胞はその仕組みを利用することで、通常の細胞なら増殖できない低酸素状態でも、脂肪さえあれば増殖することができます。つまり、人間は脳を発達させるために獲得した酵素の働きによって、がん細胞を増殖させる能力も高めてしまったのです。

萱野　人間は、高性能な脳を手に入れることと引き換えに、がんにかかりやすくなってしまったと。

吉田　人間中心主義的に考えると、脳が大きくなって高度に発達したことは全面的に長所だと思ってしまいますが、生命全体で考えると脳が大きいことは、それだけ大量のエネルギーを消費して餓死のリスクが高まるため、大きな短所ともいえるんです。むしろ、生命進化の王道としては小さくできるものなら極力小さくしたほうがいい。ただ、約700万年前にチンパンジーとの共通祖先から分岐して以降、人類にとってがんのリスクよりも知恵を使って食べ物を得るメリットのほうが圧倒的に大きかった。人間であっても高齢になるまでがんになる可能性は低く、寿命の短かったかつての人類には大きな問題にはならなかったのです。高度な脳の機能で長寿を手にした現代人ががんに苦しめられるというのは、なんとも皮肉なことだと思います。

萱野　その皮肉な状況は、人間の知性がさらに発達してがんを治療によって克服できるようになるまでは続きそうですね。あるいはその段階では、別の〝皮肉な状況〟が人類を覆っているかもしれません。

体外離脱と世界観の変化

吉田　脳が発達したがための問題ということでいえば、人間の〝精神〟や〝意識〟も重要です。人間という生命を物質的な側面から見ることも大事ですが、心療内科医として私はこちらも見落としてはいけないと思います。人間の精神構造ということに関しては、まだその糸口しかわかっていませんが、心の病の治療を通し、日々、人間の〝精神の危うさ〟みたいなものを実感しています。たとえば、鬱病などメンタルの病から回復するプロセスのなかで、患者の人格がまったく違うものになっていく。こうしたことは何度も経験していることなんですね。一番衝撃を受けたのは、私が医学生の頃です。とてもお世話になっていた大学教授が髄膜炎になって、人格が一変しました。教授は素晴らしい知性と人格の持ち主で、私も大変尊敬していましたが、入院中は性的に下品な冗談をのべつ幕なしに言うようになって、突然踊りだすような奇行を繰り返すなど、まったく違う人間のようになっていました。これは髄膜炎の症状のひとつで、病気が治ればまた元に戻ったのですが、人格や精神というものは、揺るぎなく絶対的なものではないと、そのとき実感しました。

萱野　身体の物質的な状態によって、人格や精神もまったく変わってしまうということですね。

吉田　ところで、萱野さんは〝幽体離脱〟を体験されたことはありますか。

萱野　ありません。それはどのような感覚ですか。

吉田　正しくは〝体外離脱体験〟というのですが、自分の意識が体から抜け出て第三者的な視点で外から自分を見るような感覚です。私はこれまでに2回、体験しています。一度目はNHKのアナウンサー時代、テレビ番組の「シャチと仲良くなる」という企画があったのですが、その撮影でシャチに投げ飛ばされて頭を強打してしまったんです。そのとき、体外離脱を経験しました。とても生々しくリアルで、ほとんど信じていなかった超常的な現象について「あってもおかしくない」と感じるようになったのですね。それから人生観が一変して「死ぬまでにこの世に何かを残したい」という意識が芽生え、結果的に政治家を目指して加藤紘一先生の第一秘書になりました。その当時は加藤先生を総理大臣にして、ゆくゆくは自分も……と本気で考えていましたよ。

萱野　頭を強打する、という身体への衝撃によって世界観そのものまで変化してしまった。

吉田　その後、脳の頭頂葉と後頭葉が隣接する〝角回〟という部位を刺激すると体外離脱体験が起こることがあるという研究論文を読んだのです。そこで試しに自分で角回に磁気刺激をおこなってみたところ、シャチに投げ飛ばされたときとまったく同じ体外離脱体験が起き、それで再び人生観が変わってしまいました。最初の体外離脱も超常的な神秘体験などではなく、脳が生みだした幻想にすぎなかったのだと悟って。それ以降、良くも悪くも自分の人格、自我といったものも、装置としての脳が生みだしている現象にすぎないという冷めた感覚がずっとあります。

萱野　確固とした自我や人格というものは脳が生みだした虚構にすぎない、ということですか。

吉田　そういった自己イメージや世界観を作り出す自我そのものが、私には疑わしいものに感じられます。先ほどもお話ししましたが、鬱病の治療前後で別人のように人が変わることは珍しくありません。メンタルの病を抱えていない人でも、体調が悪くなれば憂鬱になるし、何か嫌なことがあればイライラもします。そういうときの自分と楽しいことがあってワクワクしているときの自分、そのふたつははたしてまったく同じ自分であるといえるのか、そういう疑問があるのです。

萱野　意識は身体の状態によって変わりうると同時に、環境によっても変わりえますよね。環境の変化が具体的にどのように意識に影響するのかについてはさまざまな研究がありますが、環境によって意識や考えが変わるというのは経験的にも多くの人が納得することだと思います。その点でいえば、自我や意識を生みだす脳は単体で完結しているわけではありません。それは身体を通じて外の環境ともつながりながら、自我や意識といったものを生みだしています。

吉田 人間の脳は〝外側〟とのフィードバックで機能している装置なんですよ。この脳の外側には、体内と体外のふたつがあります。私たちの世界で注目されているのは〝情動末梢説〟と呼ばれるもので、人間の原始的な感情＝情動は脳で自動的に発生するものではなく、〝末梢〟で起こる反応が先にあるというものです。末梢とは、頭蓋骨に収まっている脳を〝中枢〟と呼ぶのに対し、その外側を指すものです。

萱野 具体的にはどういうことでしょうか。

吉田 この分野の研究でエポックメイキングだったのは、〝デュシェンヌ・スマイル〟です。これは口元を上げるだけじゃなく、目尻が下がってシワができる笑顔のこと。この表情を意識的に作ると、たとえ作り笑顔であっても、表情筋の変化が脳にフィードバックされて、本当に〝楽しい〟という感情が後から生まれるんです。また、逆に目尻のシワをなくそうと眼輪筋にボトックス注射をすると、望んでいた美容効果を得られたのに、表情筋が動かないために楽しいという感情が生まれにくくなって、鬱が生じやすくなるという研究論文も発表されています。つまり、人間の感情は脳だけで創られているのではなく、末梢からのフィードバックも大きな役割を果たしているんですね。私のクリニックでも、鬱病患者に対し身体の動きのフィードバックを重視した運動療法をおこない、大きな治療効果が出ています。

萱野　体内からのフィードバックに人間の情動は大きく影響を受けているんですね。では、もう一方の〝対外〟からのフィードバックとはどのようなものでしょうか。

吉田　人間の脳はコンピューターにたとえられることが多いですが、どちらかというとスマートフォンに近いと私は考えています。単体で情報処理をおこなうマシンではなく、他者とのコミュニケーションツールであるスマートフォンのように、人間の脳は無意識のうちに周りの人間の脳と相互のネットワークでつながり合って働いているということです。たとえば、今私がこうして話していることは、萱野さんが目の前にいて、こちらの話に頷いたり、表情を変えたり、手を動かしたりする挙動の一つひとつに私の脳が反応し、それが話の展開や口調にまで影響を与えてアウトプットされているわけです。この周囲の人間とのフィードバックというのは脳にとって非常に重要なんです。たとえば何かのきっかけで引きこもりのように他者と関係を断った状態になると、脳と脳が無意識のうちにおこなっていた他者とのネットワークが働かなくなり、脳が隔絶されてしまうので、引きこもりから抜け出せなくなってしまうのです。

脳の境界が消えていく社会

萱野　悩んでいる人に対して「考え方を変えよう」とアドバイスする人がときどきいますよね。「もっとポジティブに考えようよ」といったように、です。でも自分の考え方をそう簡単に変えることはできません。自分の考え方を変えるためには、むしろ行動を変えることが必要です。行動を変えれば感情や意識も変わってきます。もちろんその行動には、笑うとか歩くといった些細なことから、日常の習慣や他者とのコミュニケーションも含まれます。では、なぜ行動を変えれば感情や意識も変わってくるのかといえば、それは脳が機能的に身体や環境からのフィードバックを受けているからですね。ただその場合、どこまでを脳の境界と考えるかは、とても難しい問題となりますが。

吉田　解剖学的には中枢神経が脳で、末梢神経は脳ではないと区別されます。これは単純に物理的な位置による定義ですが、機能としての脳の境界は、厳密にいえばどこにも存在しないと私は考えています。表情筋のような身体の動きも情動を生みだしている以上、機能的には脳と一体化しているとしていいのではないでしょうか。そして、自分の周囲にいる他者も互いの脳に影響を与え合うという意味では、ネットワークでつながった脳の一部になっています。突き詰めて考えれば、現代はインターネットで世界全体がつながったひとつの脳ともいえるでしょう。

萱野　その点でいうと、望遠鏡でもテレビでも、パソコンでもインターネットでも、テクノロジーとは脳がみずからの機能を拡張するために生みだした仕掛けだと考えることもできそうですね。それを通じてさらに脳はフィードバックされる範囲を広げている、と。

吉田　そうです。相互作用によるフィードバックこそが脳の本質です。脳そのものも統一されたひとつの器官ではなく、大きく分けると自我を作っている前頭前野や原始的な感情を司る大脳辺縁系、さらにそのなかには扁桃体、海馬など、いくつもの部位が相互作用することで情報処理をして、全体としての意識を作り上げています。そういう意味で考えると、今の私と萱野さんは明らかに強い情報の伝達をし合っているわけで、今この瞬間は萱野さんの脳は私の脳の一部であり、私の脳は萱野さんの脳の一部になっているといえるんです。これは人間の脳にとりわけ顕著な特徴なんですね。

萱野　他者も含めた環境との相互作用が、人間の脳の働きの根底にあるということですね。

吉田　他者とのコミュニケーションがインターネットとSNSの普及によって急激に広がり、質量とも大きく変化してきたことに私は一抹の不安を感じています。実際、SNSによって人間のエゴや妬みが増幅していることを検証している論文も数多く出ていますが、それも必然ではないかと。現代社会のネットを介したコミュニケーションは、人間の本来の姿から逸脱していくように感じるし、その延長線を進んでいって人間は大丈夫なのか危惧しています。

萱野　たしかに現代は、他者とのコミュニケーションにこれまでにない負荷がかかっている時代だといえるかもしれません。たとえば今の若い世代は他者とのコミュニケーションに、年長世代の想像を超えるほどの多大な配慮を注いでいます。今後、そのストレスに人間の脳はどこまで耐えられるのか。大学で学生と接していても、メンタルで悩んでいる人はとても多いと感じます。

吉田　〝メンタル面での不調〟まで広げたら、現代人の9割は何らかのかたちで精神的な悩みを抱えているのではないでしょうか。それは文明のあり方として正しいのか疑問を感じますし、近い未来に人類を揺るがすような大きな問題が起こるのではないかと強い危機感を持っています。

萱野　それだけ脳は他者とのコミュニケーションから大きな影響を受けるということですね。

吉田　人間のコミュニケーションは、本来、言語だけによるものではありません。表情や声のトーン、身振り手振りや匂いまで、さまざまな要素が複雑に絡んでいるものです。そのすべてが大なり小なり脳の相互作用を生みだしてバランスをとっています。今の社会に不安を感じる最大の要因は、ネットによる限られた情報伝達が支配的になっているために、脳が本来持っている多様な機能がとても偏った状態に歪められていることです。私はそこに、底知れない危うさを感じます。

ヒトの本性は協力的なのか、攻撃的なのか?

川合伸幸
[名古屋大学情報学研究科教授]

かわい・のぶゆき

1966年生まれ。日本学術振興会特別研究員、京都大学霊長類研究所研究員などを経て、現職。研究領域は比較認知科学、実験心理学など。文部科学大臣表彰・若手科学者賞、米国心理学会 The Frank A. Beach Comparative Psychology Award、日本学術振興会賞、など受賞歴多数。主な著書に『ヒトの本性　なぜ殺し、なぜ助け合うのか』『怒りを鎮める うまく謝る』（共に講談社現代新書）など。

［初出 「サイゾー」2019年12月号、20年1月号］

萱野　私はこれまで、社会のなかで暴力がどのような役割を果たしてきたのか、という問題を探求してきました。その問題を突き詰めると「人間にとって暴力とは何か」という根源的な問いに行き着きます。その問いの考察にとって、川合さんのご著書『ヒトの本性なぜ殺し、なぜ助け合うのか』（講談社現代新書）はとても示唆に富む書物でした。はたして人間は本性的に暴力的な存在なのかどうか。まずはこの問いに対する川合さんのご意見を聞かせてください。

川合　まず暴力の定義ですが、ここでは「人間が人間に対しておこなう攻撃」としていいでしょうか。人間は雑食性でずっと動物を狩り、その肉を食べてきたので、それを暴力ととらえると、人間の本質としての暴力の意味は変わってきます。

萱野　ほかの動物を食料のために狩るといった行為は、ここでの議論から除外しましょう。ここでは人間が人間に対して行使してきた暴力について考えることで、人間の本性に迫っていきたいと思います。

原始社会に暴力はあったのか

川合　これまでに発見されたもっとも古い〝殺人〟の証拠は、スペインの洞窟から出土したホモ属の頭骨で、約43万年前のものです。その頭骨に残された大きな傷痕が、他人から尖った武器で攻撃されたことによる致命傷になったことが2015年の研究で判明しました。チンパンジーとの共通祖先から分岐して600万年以上になる人類の歴史を見れば、約43万年前というのはごく最近といえます。つまり、人類はかなりの長期間にわたって、ほとんど殺人をしてこなかった。ホモ属だけを考えても200～100万年前に出現していますから、これらを踏まえると、人類はそもそも暴力的な存在ではないと推察できると思います。

萱野　現生人類である私たちホモ・サピエンスの歴史を見た場合はどうでしょうか。

川合　ホモ・サピエンスは20～15万年前ぐらいに地球に出現しましたが、集団同士の戦闘のような規模の大きい暴力が出てきたのは、狩猟採集社会から農耕社会に移行してからだと考えられます。つまり、定住化が始まって富の集積ができるようになり、それを奪い合うかたちで暴力が発生した。農耕社会への移行は1万2000年前ぐらいとされていますから、ホモ・サピエンスに限っても歴史的には暴力の少ない期間が圧倒的に長かったのではないでしょうか。

萱野　人類が狩猟採集をしていた時代には組織化された集団的な暴力はほとんどみられず、人類が農耕社会へと移行してからそれは出現するようになったということですね。ただ、いわゆる未開社会を対象にした人類学のフィールドワークでは、部族同士の抗争などの激しい暴力がしばしばみられることから、狩猟採集社会も暴力的だったのではないかという意見もあります。

川合 それに関しては、現代の未開社会の多くはある程度の富の集積があり、完全な狩猟採集生活をしているわけではないということがいえると思います。毎日食べるものを探し歩いて定住をしていないような状況では、誰かを襲っても基本的に得るものはなく、逆に反撃されて自分が殺される可能性もあります。そう考えると暴力のコストは非常に高く、ほとんどメリットもないため、大規模な暴力は起こらないでしょう。

萱野 定住化が始まる以前の人類社会には、いわゆる土地所有の観念もなかったでしょうから、たとえほかの集団と遭遇することがあっても、争って犠牲を払うよりは単純にそこから離れて距離をとるほうが合理的だったのかもしれません。それに対し、農耕の開始によって人類が定住化するようになると、人々のあいだに土地所有の観念が生まれ、富の集積もなされるようになる。そうなると、土地や富を守ったり奪ったりすることに合理性が出てきますから、守る側にとっても奪う側にとっても暴力を集団的に行使する必要性が生じていった。そうした図式ですね。ではその場合、狩猟採集社会ではたまたま人類は暴力を組織的に行使する必要がなかっただけで、もともと人間には暴力を行使することへの強い傾向性が潜在的にあったとも考えられるのですが、その点はどう考えたらいいでしょうか。つまり人類は、暴力を行使するメリットがない環境ではたまたま暴力を行使していないだけで、一定の条件がそろえば暴力性を発現させてしまうとも考えられるのではないでしょうか。

川合　人間が人間に対する強い暴力的な傾向を潜在的にでも持っているようなことはないと考えています。人間は言語や文化、文明を持ち、ほかの動物とはまったく違う社会に暮らしていますが、それでも基本的にはやはり〝動物〟です。そして、動物はほとんど同種で殺し合いをしないんですね。ケンカですら大抵は儀式化されていて、実際に激しい争いを起こすのはまれといえます。もちろん、獰猛な動物はいっぱいいます。たとえばライオンは戦う相手をひと噛みで殺せるような力を持っています。しかし、そういった力を持っているからといって、ライオンが本質的に暴力的な傾向を持っているということにはなりません。同種に対する暴力への傾向性を持っていると、必然的にお互いに殺し合うことになり、そもそも種として存続ができないんです。ひょっとしたら絶滅した他のホモ属のなかにはそうした暴力的な傾向性を持っている種もいたかもしれませんが、ホモ・サピエンスにはそうした傾向がないと考えるほうが自然です。もちろん、暴力性や攻撃性がまったくなかったというわけではなく、環境の変化によってそれが増幅されてきたというべきでしょう。

萱野　遺伝子的に人間にもっとも近い動物であるチンパンジーは非常に暴力的な動物であるといわれていますよね。メスの奪い合いで激しいケンカをしたり、ほかのグループと戦争のような殺し合いをしたりすることで知られています。こうしたチンパンジーの存在を考えると、動物とのアナロジーでいえば、人間も系統的に暴力的な性質を持っていると考えることはできないでしょうか。もちろん、他方でボノボのように、チンパンジーと同じように遺伝子的にヒトと近縁でありながら、争いをほとんどしない平和な動物もいるわけですが。

川合　チンパンジーとボノボの系統が分岐したのが300万年ぐらい前だといわれており、これは人類がチンパンジーとの共通祖先から分岐したずっと後です。もし、チンパンジーとボノボの両方が暴力的だったら、この系統がもともと暴力的な傾向を持っていたと考えることもできますが、おっしゃる通りボノボは非常に融和的な性質なので、そうは言い切れません。実はほかの霊長類と比べてみても、チンパンジーはちょっと極端に暴力的なところがあるんですね。これはチンパンジーの暮らしに根ざしたところに原因があるのかな、と。ただ、それでも縄張りを荒らされるとか、よっぽどのことがないと、ひどい暴力は起こりません。

萱野　人間を動物として位置づけるなら、暴力的な傾向を持った存在とはなかなか考えにくいということですね。

川合　人間は基本的に集団で行動しないと生きていけない生き物です。他者に対して攻撃的であるよりも、むしろ協力し合うことで進化してきたといえます。

萱野　これはひとつの仮説ではありますが、人類が土地を占有するようになったことが、人類の暴力性に大きな影響を与えた可能性はありますよね。農耕にはできるだけ肥沃な土地が必要になりますが、肥沃な土地はそれほど多くはありません。その点で土地の占有は排他性がとても強いものです。どこかの集団が肥沃な土地を占有していたら、それを奪うことなしに自分たちのものにすることはできませんし、占有しているほうにしたら、それを武力で守る必要がある。こうした土地の占有と暴力との結びつきが、人類社会に大きな転換をもたらしたといえるでしょうか。

川合　たしかに、人類は縄張りを持つようになってから暴力的になったといえるかもしれません。狩猟採集民は縄張りを持たず、移動しながら食べ物を探し、なくなったらまた次の土地へ移動していくだけです。それが、農耕をするようになって「ここが自分たちの縄張りだ」と意識するようになり、侵入してくる者を排除するようになった。その排除が暴力の激化につながっていった可能性はあるでしょう。

暴力的傾向を淘汰する自己家畜化

萱野　人類の歴史のなかでも、20世紀は暴力の世紀だったとしばしばいわれます。たしかに20世紀には第一次・第二次世界大戦があり、膨大な数の犠牲者が出ています。しかし、アメリカの認知心理学者スティーブン・ピンカーが指摘しているように、人類の歴史を近代から中世、古代へとさかのぼっていくと、過去に行けば行くほど暴力によって死ぬ人の割合が高くなっていきます。逆にいうと、人類が農耕を始めて定住化して以降の歴史だけを見るなら、人間はどんどん〝脱暴力化〟してきている。この点についてはどのように考えられるでしょうか。

川合　暴力の減少が進んだのは、社会的な状況の変化や暴力を取り締まる法や制度が整ってきたということだけではないと思います。「目には目を」みたいなところから始まり、つねに法は暴力を抑制しようとしてきました。古代から暴力によって奪ったり殺したりすることは基本的に許されていなかったわけです。もちろん、法は時代を追うごとにより効果的なものになってきているとは思います。しかし、法によって暴力に対して厳しい処罰を与えるだけで脱暴力が簡単に進むわけではありません。そこには人間の本質的な変化があったのではないかと考えられます。つまり、進化の過程でより穏やかな傾向になってきたのではないか、と。

萱野　著書『ヒトの本性』でも紹介されていた〝自己家畜化仮説〟ですね。

川合　そうです。これは人類が長い歴史のなかで他者に対して暴力的、攻撃的な性質を抑えるような進化をしてきたのではないかという仮説で、霊長類学者リチャード・ランガムが主張している人類進化のシナリオです。極端に暴力的な性質を持った人は、皆の協力が必要な社会を崩壊させるリスクがあるので集団から放逐されます。古代の社会では集団から放逐されると生きていけず、もちろん子孫を残すこともできません。その結果、集団内には協力的な人たちが多く残り、逆に攻撃性の高い人たちは減少していったというわけです。自分たちを家畜のようにおとなしく品種改良してきたことを〝自己家畜化〟と名づけたのですね。

萱野　それは今でも続いているプロセスだといえますよね。殺人などの凶悪事件を起こした人間は長期間、刑務所に入れられたり、死刑になったりすることで、社会から排除されます。つまり、凶悪事件を起こすほど暴力的な傾向を持った人間は、現代でも社会から隔絶され、子孫を残す機会を奪われるわけですね。近年の行動遺伝学などの知見では、各人がどれくらい暴力的かという傾向はかなりの程度、遺伝します。したがって刑罰によって犯罪者を社会から排除することは、暴力的な傾向を強く持った人間を人類社会から減らすことにつながっている。これが現在も継続されている脱暴力化のプロセスです。

川合　生物の使命、あるいは本能的な役割というものは、突き詰めるとふたつしかありません。〝できるだけ長生きすること〟そして〝子孫を残すこと〟です。人間は社会のルールに沿って生きていけば排除されにくくなりますし、他者と協力的な関係を結べば、それだけ子どもを作るチャンスに恵まれます。そういう生き方をすることが、結果的に生物として使命をまっとうすることにつながるのですね。それを無意識的にわかっているから、人間は暴力を抑制するということもあるのではないでしょうか。人間のそうした合理性と社会性が〝理性〟を高めていったことも、暴力の減少に大きな影響を与えているようにも思います。

暴力を独占する国家と人間の脱暴力化

萱野　理性ということでいえば、近代国家の成立も暴力の減少に役立っています。これもスティーブン・ピンカーが指摘していることですが、近代国家が成立して以降、暴力で命を落とす人の割合は加速度的に減少していきました。近代国家の一番の特徴は、他者との争いを解決するために各人が暴力をもちいることを禁止することです。これを合法的な暴力の独占といいます。これによって人々は、みずから暴力によって争いごとを解決することをやめ、いざというときには国家の強制力にその解決を委ねるようになります。これが歴史的に積み重ねられていくことによって、私たちは非暴力的な社会生活を当たり前のものとするようになっていきました。これはいわば社会的なしくみによる人類の〝自己家畜化〟ですね。近代のヨーロッパ人は近代国家が成立していることを理性の発現だと見なしましたが、それになぞらえるなら、これは理性による人類の〝自己家畜化〟といえるかもしれません。

川合　たしかに人間は動物ではあるのですが、チンパンジーなどと異なり、動物性がそのままむき出しになった存在ではありません。国家や文化といった社会的な意味を含めた環境に生きる存在といえます。そうなると、そうした社会的な環境の変化はおそらく我々の進化にもダイレクトに関わっているでしょう。

萱野　私たちの道徳意識にはルールを逸脱した者への強い処罰感情が備わっています。たとえば凶悪犯罪を目の当たりにすると、多くの人が「犯人を死刑にしろ」などと主張します。しかしいくら処罰感情が強くても、「被害者に復讐させるべき」とはなかなかいいません。これは、近代国家の成立も含めた、人類の文明化がもたらした効果のひとつだと私は思います。つまり、被害者が加害者に直接復讐できるような私刑を認めてしまうと、暴力の連鎖が発生してしまう。それがわかっているから、国家と法による処罰を望むわけです。どれほど暴力的で厳しい処罰を求めても、復讐などの自力救済による暴力はちゃんと回避している。これは社会が脱暴力化してきたことのひとつの証しだと思います。

川合　それはおっしゃる通りですね。司法制度が不十分でしっかりと信頼を得ていないような社会だと、逆に復讐や私刑を望む声が多くなるのかもしれません。ただ、実際に何かあったとき、自分たちで暴力を使って解決するという社会はかなりしんどいでしょう。暴力という手段を国家に預けてしまうことによって、私たちはかなり身軽に生きられるようになってきたんだと思います。

萱野　暴力という手段を手放すことで、私たちはみずからの行動を長期的な視野のもとで組み立てられるようになりました。たとえばお金がほしいと思ったとき、暴力によって目の前の人からお金を奪おうとするのではなく、たとえば努力して人の役に立つことでお金を稼ごうとする、というようにです。そちらのほうが長期的に見ればリスクが少なく、お金を手にできる可能性も高まります。私たちが理性と呼ぶのは、そうした暴力の放棄による行動の長期化のことなのではないでしょうか。

資源を守るために高まる攻撃性

萱野　先ほど、何が人類社会に集団的な暴力を生じさせたのか、という問題についてお話をうかがいました。人類が狩猟採集社会から農耕社会に移行したことが、縄張りの観念を生じさせ、また富の蓄積を可能にした。それが人類社会に〝組織化された暴力〟を発生させたのではないか、という見立てでした。ここから考えると、人間の攻撃性や排他性というのは、食料や土地、あるいは生殖の対象である女性、といった有用な〝資源〟をめぐって他者と競合関係に入ることで強化される、といえるかもしれません。

川合　ヒトの攻撃性の進化は、まさに「資源を守る」という気持ちから生じてきたと考えられています。わかりやすい例だと、4歳児の女の子を対象に、どのような状況で〝仲間はずれ〟が起こるか調べた実験があります。この実験では、ぬいぐるみがふたつ以上あると女の子たちは皆で仲良く一緒に遊ぶのですが、ひとつしかない状況では、ぬいぐるみを手にした女の子を仲間はずれにする傾向があることがわかりました。資源を取り合う状況になれば、それを占有する子を皆で排除しにかかるということです。男の子の場合は仲間はずれではなく、直接ぬいぐるみを奪いに行くという行動に出ました。チンパンジーの研究からも推測されていますが、オス（男性）の攻撃性は、集団内の食料やメス、子どもという資源を守るために外集団に対して向けられる傾向があります。一方、メス（女性）の場合、資源の取り合いはほとんど集団の内部で起こる。これは原始の人類にも共通していたことでしょうし、その進化の歴史によって男女の攻撃性のあらわれ方が違ったものになったと考えられます。いずれにせよ、攻撃性は資源の獲得がかかった状況で高まるといえます。

“仲間はずれ”に痛みを感じる脳

萱野　集団同士で資源を奪い合う状況になれば、うまく統率のとれた集団ほど強くなり、より多くの資源を獲得できます。その点で、集団の進化は暴力への意志をバネにしてきたともいえるでしょう。と同時に、人間は集団から排除されると生きていけない存在であることを考えるなら、人間にはその暴力への意志をバネにした集団の進化に同調していくような傾向があることにもなりますね。

川合　人間は本質的に集団から排除されることを非常に恐れますから、そこは変わらないでしょう。子どもは友達から仲間はずれにされることをものすごく嫌いますが、これは人間に根づいた根本的な性質なんです。たとえば、仲間はずれなどで集団から排除されると、人間の脳は物理的に身体に痛みを感じたときに反応するのと同じ領域が活性化することがわかっています。よく「心が痛い」という比喩が使われますが、脳は本当に痛みを感じているんですね。また、逆に実験参加者に指示をして、コンピューターゲーム中に意図的にプレイヤーのひとり（実はコンピューターのプログラム）を仲間はずれにするという実験では、実験参加者は仲間はずれにされたときと同程度の苦痛を感じ、さらに恥や悔恨といった感情をより強く感じることがわかりました。人は仲間はずれにされることだけではなく、咎のない人を仲間はずれにすることにも強い抵抗感があると考えられます。

萱野　それでも仲間はずれやいじめ、集団からの排除といった現象が人類社会の多くにみられるのはなぜなのでしょうか。

川合　同じ集団のなかにもさまざまなグラデーションがあります。小学校のクラスという集団を例にして見れば、そのなかに仲良しのグループがいくつかあり、1班、2班といった班ごとのグループ、同じクラブに属しているグループ、同じ地域に住んでいるグループ、また男女でのグループ分けなど、より細かいグループの輪が何重にも重なっています。それぞれのグループがメンバーを選別することで、集団内の〝凝縮性〟を高めて、自分たちの仲間意識を強くしたいという欲求が、仲間はずれのような現象を生みだしているのでしょう。いじめは小・中学校で多く発生し、高校になるとだいぶ減って、大学ではさらに少なくなります。小学校や公立の中学校では同じ地域の雑多な生徒が集まりますが、高校ではほぼ同じ学力の生徒が地域を越えて集まります。そういう意味では、小中学校のクラスのなかでは雑多な生徒が多いぶん、「自分に似た人」が少ないので、自身の存在をクラスやクラブに帰属させにくいと考えられます。このように自分の集団に対する〝帰属意識〟が希薄なときに、より集団への帰属志向が高まって他者を排除しようという気持ちが強くなると考えられます。たとえば大人であっても、日本を離れて外国に居住していると当然、その国では帰属意識が持ちづらい。だから、日本人だけの〝日本人ムラ〟のようなものを形成して、よそ者は排除しながらお互いに協力し合って結束を固めることで帰属意識を高め、安心を得るんですね。

萱野　いわゆるフリーライダー、つまり自分では集団への協力行動をとらずに集団からもたらされる利益だけを得ようとする人たちですが、そうしたフリーライダーを罰するための排除というケースもありますよね。

川合　はい。これもさまざまな研究があって、スタンフォード大学のマシュー・ファインバーグらがおこなった『公共財ゲーム』が有名です。実験参加者は4人でグループをつくり、皆でいくらかのお金を出し合って〝投資〟をするというゲームをおこないます。このゲームは全員がお金を出すのが合理的なルール設計になっているのですが、ひとりだけお金を出さないで〝ただ乗り〟すると、もっとも儲かるようになっているんです。ゲームを進めていくなかで、ただ乗りをしている人が誰だかわかると他のプレイヤーたちは、そのフリーライダーを罰し、排除する傾向にあることが示されました。

萱野　人間は集団的に協力することで生きるための資源を獲得し、他の集団との競争にも勝とうとしてきたわけですから、協力関係を維持するためにフリーライダーを罰するのは、ある意味、当然の生存戦略となりますよね。

川合　一方で〝80：20の法則〟というものもあります。これはパレートの法則ともいわれるもので、働きアリの生態として有名です。全体のアリのなかで一生懸命に働いているのは8割だけで、残りの2割はあまり働かないで休んでいる。このサボっている2割を排除すると、残った働き者のアリのうち2割がサボり出す。逆に排除された怠け者のアリだけを集めると、そのうちの8割が一生懸命に働き始める——この法則は人間のさまざまな集団活動にも当てはまるといわれています。実は働かない2割のフリーライダーは、ただサボっているだけではなく、ある意味で社会のバッファとして存在しているんですね。それをどんどん排除していくようなことになると、それはそれで社会を回していくのは厳しくなると感じるし、個人的にはもっと寛容であっていいのではないかと考えています。今の日本は高齢社会になって財政難でもあることから、高齢者に対する態度はかなり厳しいものになっていますが、社会の成熟につれて変化していく可能性もあるのではないかと。

〝協力〟と〝暴力〟のベクトル

萱野　川合さんはご著書からも拝見できるように、人間は他者に対して攻撃的であるよりも協力的であるように進化してきた存在だと考えておられますね。

川合　近年、さまざまな分野の研究、実験で、人間は生得的に他者を援助する生き物であるということがわかってきました。たとえば、生後6カ月ぐらいの赤ちゃんであっても、紙芝居のようなものを使って〝他者を援助するキャラクター〟と〝他者の邪魔をするキャラクター〟を見せると、援助するキャラクターを好み、邪魔するキャラクターを嫌うという傾向がはっきりと出るのです。倫理や社会の価値観を学ぶ前の赤ちゃんがこうした傾向を持っていることは、人間が本来どういう生き物なのか、強く反映しているといえるでしょう。

萱野　今のご指摘は、人間の本質を考えるうえできわめて示唆的です。要するに、人間はいわゆる「真っ白な状態」で生まれてくるわけではない、ということですね。人間は親から道徳を教えられたり、社会的な経験から道徳を学んだりする前から、一定の道徳的な傾向性を持っている。

川合　かつては実験心理学でも人間を生来的に攻撃的な存在とする考え方が主流でしたが、この10年ぐらいの間に研究が進んで、かなり変わりましたね。

萱野　人文社会の学問の世界には、社会構成主義といわれる考えが根強く残っています。これは社会構築主義などとも呼ばれますが、要するに、人間の道徳観や価値観というのはすべて社会的につくられたものだ、と考える立場のことです。たとえば社会構成主義に立つジェンダー論では、性差そのものは生物学的なものだとしても、その性差をめぐる規範意識――「男らしさ」や「女らしさ」という規範や、性別役割分業など――はすべて社会的につくられたものだと強固に考えられています。こうした社会構成主義の理論的な前提となっているのは、人間は「白紙の状態」で生まれてくる、という観念です。しかし、近年の進化心理学や認知科学、脳科学の進展によって、こうした社会構成主義の前提が単なる非科学的な思い込みにすぎないことが明らかになってしまいました。

川合　心理学の世界でも昔は〝経験論〟が唱えられていました。人間は〝タブラ・ラサ（空白の石版）〟であって、ここに生後の経験が書き込まれていくという人間観です。ただ、このような経験論はもはや過去のもので、心理学では〝白紙〟なんてありえないということは共有されていると思います。

萱野　人文社会の分野における一部の学者たちは、科学的に考えることよりも、どのような理論を採用することが自分たちの政治的な主張にとって有利となるのか、というイデオロギー的な観点からものごとを考えがちです。興味深いのは、そうした学者たちが集まる学会や研究会ほど同調圧力が強いということです。同調圧力が強いそうした学者の集団を見ていると、いくらその集団が口ではリベラルな主張をしていても、いかに人間は集団から排除されることを恐れているのか、そしてその裏返しとして、いかに集団の凝縮性を高めるために目障りな存在を排除したがっているのかがよくわかります。

川合　身近な例でいえば、仲間はずれやいじめもそういうものでしょう。自分たちの仲間から誰かをはずして集団の凝縮性を高めているときに、それをやめようと言い出すことは難しい。集団への帰属志向は、協力と暴力の両方に働きかけるものといえます。近年、京都大学の総長をされていた霊長類学者の山極壽一氏は、「共感の暴力」という表現をしています。自分の集団そのものや集団内部のメンバーに過剰に共感することが、他集団への暴力を生みだしたのではないか、と考察されています。宗教でも原理主義であるほど、つまりその集団の教えに純粋であるほど、他の教義に対して攻撃的に出るような印象を持ちます。

萱野　とすると、集団的な暴力は、人間が本来持っている、集団で協力するというベクトルの副産物だということでしょうか。

川合　人間の協力的なベクトルと暴力的なベクトルは裏表の対になったものではなく、違う次元に属しているものではないかと思います。たとえば戦時中の日本は国民がある意味で団結して戦争という大きな暴力に向かっていきました。皆が自分たちの資源を出し合い、援助し合って戦争という暴力を推し進めていったわけです。人間は無自覚のうちに協力してしまうもので、それがどういった方向に向かうのかは、そのときの指導者や社会情勢によって異なってくるのだと思います。

萱野　日本が太平洋戦争へと突入していった背景には、国民がそれを熱狂的に支持したという側面も大きくありました。それだけ、国家間の生存競争をめぐる危機感が国民に広く共有されていたということでしょうか。

身内とよそ者を区別する多様な縄張り意識

川合　暴力の根底には怒りがあります。この怒りという感情の起源が、先ほど萱野さんが暴力発生の要因として指摘した〝縄張り〟にあると考えられています。多くの動物は自分の縄張りを持っていて、他の個体が侵入してきたら排除しようとします。このときの生理的、身体的に活性化した状態が、怒りの起源になったといわれているんですね。そして、人間の縄張り意識は実は非常に広い概念を含んだものになっていて、たんに所有する土地やテリトリーを意味するものではないんです。たとえば、自分の身体、家族や友人といった人間関係、自分の属する社会や秩序なども、ある種の縄張りとして機能しています。テリトリーへの物理的な侵入だけでなく、侮辱といった行為でそれが傷つけられたと感じたときでも、縄張りが侵されたときと同じ反応を引き起こす。ですから、戦時の日本人たちのあいだには、自分たちの国がひどい仕打ちを受けているという認識から「自分たちの縄張りが侵略された」という怒りがあったともいえると思います。日本は、20世紀前半の経済恐慌に端を発した危機と、それに続く米国との対立から資源を米国以外の国に求めるようになりました。そのときに大東亜共栄圏というものを設定し、東アジア地域と日本は共存すると唱えました。しかし、やがてそのなかのある地域を、絶対国防圏という「最低限の縄張り」と考えるようになり、そこに踏み込まれるのは、日本にとって大きな危機だと喧伝しましたね。そのことによって国民は国家の危機であると思わされ、戦争を熱狂的に支持するようになったのだと思います。

萱野　とても重要なご指摘だと思います。人間の縄張り意識には、土地などの具体的な価値に対する意識だけでなく、集団のメンバーシップやルール、自尊心、秩序といった抽象的な価値に対する意識も含まれるということですね。そうした縄張り意識も、人類が進化の過程で身につけてきた本性だと考えられるでしょうか。

川合　人間は生まれた瞬間から、さまざまなかたちはありますが、家族という集団に属して、そのなかで育つことで進化してきましたから、〝家族＝縄張り〟という意識はつねに持ち続けてきたでしょう。物理的な土地ではなく、そういった意味での縄張り意識は原始的な社会からあったはずです。

萱野　むしろ、土地に対する縄張り意識は、家族や仲間といった人間関係に対する縄張り意識がまずあって、そこから生まれてきたものだと考えるべきでしょうね。そうした人間関係に対する縄張り意識が、人類の進化の過程で発達してきたものだということを踏まえるなら、人間は縄張り意識から逃れられないということがいえますね。

川合　集団に帰属すること自体がひとつの縄張りであり、それは人間の本性として深く根づいているものですから、変えられるものではないでしょう。

萱野　その点でいえば、ナショナリズムそのものもなくすことは難しいですね。ナショナリズムとは、ひとつの国家を共につくっているというメンバーシップにもとづいた、ひとつの縄張り意識ですから。もちろんナショナリズムをできるだけ排外的ではないものにしようとしたり、より開かれたものにしようとしたりすることは可能ですが、ひとつの国家を共につくっているというメンバーシップの意識そのものをなくすことは実態的にも理論的にも難しいといわざるをえません。

川合　人間の脳は〝身内〟と〝よそ者〟を区別しています。自分と同じ立場の〝内集団〟と異なる立場の〝外集団〟について考えたとき、内集団の場合は脳の情動的な判断に関わる部位が活性化するのに対して、外集団の場合は事物について判断をするときに働く部位が活性化します。つまり、人間は〝よそ者〟についてはは共感や情緒を感じる身内とは違い、いわばモノを見るように見てしまうということです。ただ、この〝身内〟の感覚を拡大して、共感の射程を伸ばすということは可能でしょう。

萱野　そこをきっちり理論的に分けることが大切ですよね。身内とよそ者の区別については、しばしば「差別や排除につながるからなくすべきだ」と主張されることがあります。しかしその区別そのものをなくすことは人間の本性上無理であり、無理なことを道徳的に強要しても反感を買うだけです。むしろ考えるべきは、どうしたら〝身内〟の感覚をより広げていけるのか、ということです。また、たとえ脳内では〝よそ者〟に分類されている他者であっても、その他者に共感できる要素を増やしていくことができれば、身内とよそ者の区別がひどい排除や暴力につながる危険は小さくなっていくはずです。

川合　おっしゃる通りですね。そのためには、多様な人によって構成される社会になることが重要だと思います。人種や性的な志向など、日本国内だけ見ても私が子どもの頃には考えられないほど、多様性は増していると思います。それでも日本では同性との婚姻は認められていませんし、小学生の子どものクラスに参観に行っても外国人・他人種の子どもはせいぜいひとりしかいません。極端な話、全員が違う国の人なら〝身内〟意識は持ちようがありません。日本はまだまだ多様性が乏しいので、〝身内〟と〝よそ者〟の区別と、それにともなって排除しようとする無意識の態度も残っていると思います。しかし、米国のように多くの移民を受け入れている多様性の高い社会であっても、いまだに黒人への差別・偏見が残っているので、たんに多様性が増せば、身内とよそ者の区別がなくなるというものではないかもしれません。それでも時代の変化にともなって、意識する機会はかなり増えてきていると感じます。およそ50年前の米国では、バスのなかで白人と黒人の座席が分けられていました。それが、今では黒人の大統領も出現しました。そもそも「黒人」という言い方も、アフリカ系米国人など、差別的でない表現に変わってきています。性的マイノリティーについても、かつては、オカマ、ホモ、ゲイくらいの表現と理解しかなかったものが、性的マイノリティーの人の多様性と広がりを理解できるようになってきました。社会はマイノリティーを排除しない方向に、少しずつ進んでいるように思います。そういった積み重ねが、社会をより融和的にする可能性になることもあると思います。

〝殴り合い〟は
なぜ〝人間的〟なのか

樫永真佐夫
［国立民族博物館教授・総合研究大学院大学教授］

かしなが・まさお

1971年生まれ。東京大学大学院総合文化研究科博士課程単位取得退学。学術博士。専攻は文化人類学、東南アジア地域研究。第6回日本学術振興会賞受賞（2009年度）。ボクサーとしてリングにも立つ文化人類学者。主な著書に『殴り合いの文化史』（左右社）、『黒タイ歌謡』『黒タイ年代記』（共に雄山閣）、『ベトナム黒タイの祖先祭祀』『東南アジア年代記の世界』（共に風響社）などがある。

［初出　「サイゾー」2020年2月号、3月号］

萱野　樫永さんは著書『殴り合いの文化史』（左右社）のなかで、ボクシングを切り口にしながら、〝殴る〟〝殴り合う〟という行為を非常に多角的な視点から考察されています。荒々しい暴力である殴り合いがボクシングというスポーツへと進化していく過程を丁寧に論じながら、〝殴る〟という行為が実は人間の本質と深く結びついていることを明らかにしていく。その斬新な視点が本当におもしろく、私は雑誌「Ｎｕｍｂｅｒ」（文藝春秋社）の書評欄でも取り上げさせていただきました。

樫永　ありがとうございます。おかげさまで、通っているスポーツジムのトレーナーに「Ｎｕｍｂｅｒ」に書評が載ったことを話したら「すごい！」とえらく感心されました。全国紙に書評が載ってもまったく興味なさそうだったのに（笑）。

萱野　樫永さんはご自身も実際にボクシングをやっていて、リングに上がった経験もあるそうですね。本書ではそんな樫永さんのボクシングへの愛が随所に感じられました。

樫永　僕はボクサーのピラミッドのなかでいえば、本当に底辺の底辺に埋もれている名もないボクサーです。しかし、いや、だからこそ〝殴り合い〟について語れることがあるんじゃないか、大多数は敗者なんだから、と。それがあの本の根本にあります。

萱野　〝殴り合い〟を知的な探求のテーマにするという発想そのものに私はまず感心しました。そもそもそうした発想はどのようにかたちづくられてきたのでしょうか。

樫永　子どもの頃から〝殴る〟のが好きだった――なんて、なかなか胸を張ってはいえないですよね（笑）。昔は時代劇でもヒーローものでも、日本のフィクションでは主人公が悪役を〝パンチ〟で殴ることがほとんどありませんでした。子供心にそこに、何か物足りなさを感じていました。世界チャンピオンだった具志堅用高さんの防衛戦を見て、「かっこいい！」と感激した子どもでしたから。相手がダウンしてもパンチの連打が止まらない、あのファイトにとても興奮しました。それが「殴る＝かっこいい」というイメージがインプットされた原体験だったのでしょう。

萱野　おそらく私たちは具志堅さんが現役で試合しているのをオンタイムで見た最後の世代ですよね。当時の観客の熱狂は、それはもうすごかったですね。

〝殴る〟ことは〝野蛮〟の対極にある

樫永　そんな具志堅さんのパンチに憧れる一方で、逆に人から殴られたときに感じる、かっこ悪さや恥辱みたいなものも相当強く感じていました。ケンカはするし、教師から鉄拳制裁を食らったり、とにかく子どもの頃はしょっちゅう殴られていたので。

萱野　当時は今と比べて教師による体罰が横行していましたよね。殴り合いのケンカも多かった。私も教師に生意気なことをいってよく殴られました。

樫永　ことに人前で殴られるのは、肉体的な痛みよりも精神的な恥辱のほうが大きい。それは子どもながらにコンプレックスにもなって、できるものなら殴り返してやりたいという気持ちがつねにありました。

萱野　それがボクシングを始めたきっかけに。

樫永　それはありますね。ただ、子どもの頃は近所にボクシングジムがありませんでした。空手から始めて、大学生のときにムエタイに変わって、脚をケガしたことをきっかけにボクシングジムに行くようになったんです。いざやってみたら、ずっと近い間合いで相手と相対するボクシングの3分間はスタミナ的にムエタイよりもきつかった。でも、そこがまたおもしろくて。もともと自分はボクシングをやりたかったんだよな、と。空手を始めたのも、単純に殴り合いで勝ちたかったからで、いわゆる〝武道〟の精神性みたいなものには興味がなかった。もともと学校にも不適応でしたしね（笑）。その点、ボクシングは理屈ではなく、殴り合うことで人間に何が起こるのか、リアルに自分の体を通して感じるものがありました。

萱野　ボクシングは格闘技のなかでも拳で殴ることだけにその攻撃を特化して、それをひたすら追求する。そこに固有のストイックさがありますよね。その〝拳で殴る〟という行為は、樫永さんが著作で論じているように、きわめて人間的な行為です。ほかの動物と比べた、人間のもっとも大きな特徴は直立二足歩行をするということですが、それによって初めて人間の〝殴る〟という行為は可能になりました。そう考えると、ボクシングもまたきわめて人間的なスポーツだといってもいいのではないでしょうか。

樫永　僕もそう考えています。チンパンジーやオランウータンなどの類人猿も相手を攻撃するときに〝殴る〟という行動を見せますが、ほとんどが腕を振り回すフックのようなかたちなんですね。これは木にぶら下がって移動するために肩関節が360度回せるから可能な動きです。それに対して、拳をストレートに突き出すパンチを打つのは人間だけ。それを進化、洗練させていくことで、ひとつの文化にまで昇華させたのがボクシングだと思います。

萱野　樫永さんはご著書のなかで「人間が両手を〝もつ〟のではなく、手こそが人間の本質を保持している」というハイデガーの言葉を紹介しています。人間は手を使って道具を作り、そこで生みだされたテクノロジーが人間と世界の関係を変え続けてきました。そうした営みにこそ人間の存在は見出されなくてはならない。こうした考えがハイデガーの存在論を貫いています。「手こそが人間の本質を保持している」という観点からすると、殴るという行為もまた人間の存在に直結するテーマです。

樫永　握った拳の使い方も、人間だけが大きく発達させました。器用に動く手指が人間ならではのテクノロジーを生みだすことを可能にしている一方で、手指をあえて使えなくする〝拳〟という手の使い方も、逆説的ですが人間らしいのです。

萱野　人間以外の動物の基本的な攻撃は〝噛む〟ことです。人間でも、子ども同士のケンカなどで相手を噛むという行為はよくみられます。これは身体的に手と腕をうまく使うことがまだできないために生じることです。そもそも、拳を握って狙ったところにナックルパートを的確に当てる〝殴る〟というアクションは、単純に見えて実は相当難しい。しっかり練習しないと、なかなかうまくできるものではないですよね。現代社会ではあらゆる環境から暴力を排除しようというベクトルがきわめて強く働いていて、殴ることは非常に野蛮な行為だとされています。ただ、純粋に人間の身体の動きという観点からすると、訓練されたボクサーのパンチは人間にしかできない非常に洗練された動作であり、動物的な野蛮さとは対極にあるものですよね。

樫永　1997年のWBA世界タイトルマッチで、マイク・タイソンは対戦相手のイベンダー・ホリフィールドの耳を噛みちぎるという衝撃的な反則を犯して失格負けになりました。これは拳で殴ることを進化させていったボクシングの歴史から見れば、〝退行〟というべきものでしょう。ただ、近代ボクシングが成立して間もない頃は、〝噛みつき〟は割とよくある反則だったようです。かつてのボクシングはそれだけ暴力的だったといえます。

「人間は正しい人の堕落と恥辱を好む」

萱野　そもそもほかの攻撃を禁じた〝殴り合い〟がひとつの競技となったのはいつ頃なのでしょうか。

樫永　拳での殴り合いをゲーム化した〝拳闘〟の起源ははっきりしないのですが、現在のボクシングは、古代ギリシャ時代のものと連続性があるとされています。ホメロスの英雄叙事詩『イリアス』に懸賞をめぐる最古の拳闘の記録があり、古代オリンピックでは打撃と組技を組み合わせた〝パンクラチオン〟と並んで、拳闘が競技として開催されていました。

萱野　単純に「誰が一番強いのか」を決めるためなら、パンクラチオンだけでもいいわけですよね。そこに拳闘が併存していることが非常に興味深い。やはり殴り合いで勝敗を決めることに何かしらの特権的な意味が与えられていたということでしょうか。

樫永　推測でしかありませんが、そこには「パンチによるＫＯが見たい」という観客側の欲望が大きな役割を果たしていたのではないかと思います。先ほどの話にも出てきましたが、人は殴られることに恥辱を感じます。ドストエフスキーは『カラマーゾフの兄弟』で、重要人物として登場する修道僧ゾシマ長老に「人間は正しい人の堕落と恥辱を好む」と語らせていますが、人間は相手を強烈な一撃で殴り倒した華々しい勝者を称賛する陰で、哀れな敗者を見ることにも嗜虐的な喜びを感じてしまうものです。そうした他人の恥辱に対する残酷な欲望がそこにはあるように思います。

萱野　たしかに、パンチがきまって相手が崩れ落ちる瞬間には、投げ技や関節技がきまった瞬間とは違った、特別な興奮がありますよね。

樫永　実際、拳闘はかなり人気競技だったようです。ソクラテスも大ファンだったとか。それと、パンクラチオンで勝敗が決したときに、敗者はしばしば不具になってしまうんですよ。当時の拳闘も相当に血なまぐさいものでしたが、まだ競技者として続けられる可能性が高かった。それもパンクラチオンと拳闘が併存していた理由なのかな、と。

萱野　それはパンクラチオンに比べて、拳闘がスポーツとして成り立つ可能性を多く宿していたということかもしれませんね。古代ギリシャの拳闘からボクシングという近代スポーツが成立してきた長いプロセスというのは、殴り合いという暴力をさまざまなルールによる制御のもとでひとつの競技へと昇華させてきたプロセスでもありました。そのプロセスでもっとも大きな転機となったのはなんだと考えられるでしょうか。

樫永　やはり、それは〝グローブの着用〟が大きいでしょう。だいたい19世紀の終わりから20世紀の初頭にかけて、グローブ・ボクシングが広まっていったのですが、きっかけになったのが、クイーンズベリー・ルールです。これは１８６７年から開催されるようになった競技会「クイーンズベリー・カップ」のために作成されたルールで、１ラウンド3分のラウンド制やレスリング行為の禁止、ダウン時のテンカウント制、そしてグローブの着用が定められました。まさに近代ボクシングが幕開けしたんですね。

グローブ着用がもたらした技術と反則

萱野　グローブ着用以前は、もっぱら素手で殴り合っていたんでしょうか。

樫永　古代ギリシャ時代の拳闘では、パンチの破壊力を増す効果を狙って硬い革ひもを巻いていました。４世紀以降、拳闘の記録は途絶えてしまうのですが、18世紀頃からイギリスで、素手、いわゆるベアナックルで殴り合う拳闘競技〝ピュジリズム〟が登場します。これに賞金をかけた興行がプライズ・ファイトと呼ばれ、大人気の民衆娯楽として盛んにおこなわれるようになりました。19世紀半ばあたりからプライズ・ファイトは急速に衰退するのですが、それが時期的にクイーンズベリー・ルールにのっとったグローブ・ボクシングの隆盛と重なり合うのです。

萱野　素手だと、殴られるほうだけでなく殴るほうもすぐにケガをしてしまいますよね。プライズ・ファイトはかなり残酷なショーだったんでしょうね。

樫永　なんと、流血こそが賭けの対象にもなっていたんです。ルールもあるにはありましたが、蹴ったり投げたり、組み合ったりの反則は当たり前で、先ほど話したように噛みつきも横行していたようです。プライズ・ファイトではそういった暴力的な要素が重要だったんですね。拳で殴り合うことは共通していても、今のボクシングとはファイトスタイルもまったく異なります。素手で殴ると拳を傷めやすいので不用意に連打できませんし、フットワークを使って相手のパンチをかわすようなこともあまり歓迎されませんでした。相手のパンチはしっかり顔面で受けなくてはならないものだったんです。観客からすると、パンチをよけるのは意気地なし。ちゃんと男らしく殴り合え、と野次が飛ぶ世界です。

萱野　近代ボクシングが成立する以前の拳闘というのは、その直前のものでさえ、かなり暴力性がむき出しになったものだったんですね。観客もまたその暴力性を求めていた。それが、グローブ着用のルール化をきっかけに、安全性を配慮する競技へと変化していったということでしょうか。

樫永　バスター・キートンの『拳闘屋キートン』（1926年）や『チャップリンの拳闘』

（1915年）といった喜劇映画に20世紀初頭のボクシングのスタイルを見ることができます。取っ組み合いになってもレフェリーが制止しないとか、ピュジリズムの名残でしょうね。その後、殴る技術は時間をかけてどんどん磨かれ、今やレベルが違います。たとえば試合の記録映像で1920年代のヘビー級の伝説的チャンピオン、ジャック・デンプシーが編み出した〝デンプシー・ロール〟なども見ることができます。それが当時いくら斬新だったといっても、今のプロボクサーなら普通にできる技術です。

萱野　グローブの着用が、殴るという行為の技術さえも向上させた、と。

檀永　グローブ着用によってパンチの技術がさまざまに発達したことは間違いありませんが、一方で安全性が確保されたかといえば、そんなに単純な話ではありません。視覚的にはベアナックルに比べてグローブは安全そうですが、それはまやかしだという批判もあります。実際、もともとグローブは相手へのダメージを減らすためというよりは、自分の拳や手首を保護することでハードなパンチを続けざまに打てるようにするためのものでした。たしかに流血は減ったのですが、詰め物をした重量のあるグローブは相手の脳を震盪させるので、素手で殴るよりも脳には強烈なダメージを与えます。さらに、グローブに細工をするような反則も登場しました。

萱野　どんな細工ですか。

樫永　たとえばグローブに詰め物をする、表面に刺激物を塗る、クリンチのときにグローブのひもの結び目などで相手の目をこするとか。それと、グローブの下に隠れていますが、バンデージを巻いたうえに拳骨に合わせてテーピングで硬い山を作ったりもします。それだけでも素手で殴られるよりよっぽど痛い（笑）。今のグローブはサミング（目潰し）防止のために親指部分が離れないように縫い付けられていますし、グローブやバンデージのチェックもだいぶ厳しくなっていますが。

萱野　それらの行為が反則だったということは、それを禁止するルールはあった、ということですよね。にもかかわらず、なぜそうした反則の横行が許されていたのでしょうか。

樫永　やっぱりボクシングはスポーツであると同時に、まだまだ〝暴力〟に対する未練が強かったのではないか、と。ある意味、そのぐらいの反則があっても当たり前、だって〝殴り合い〟だもん、という意識だったのでしょう。

萱野　そういう意味では、技術面ではもちろん、意識のうえでも、ボクシングは殴ることに純化した〝暴力ではないスポーツ〟としてつねに自己規定を迫られつつ進化し続けてきたということですね。

体の状態が心の状態を決める

萱野　現在もなおボクシングは進化し続けているといえるでしょうか。

樫永　昔とはトレーニング方法もだいぶ変わって、ボクサーの体もかなり違うものになってきています。井上尚弥選手やワシル・ロマチェンコ選手を見て思うのですが、今のボクサーは昔のボクサーに比べて、体幹がかなりしっかりしています。分厚い体幹があるほうが、どのような体勢からでも軸が定まった強いパンチが打てるのです。

萱野　新しいファイトスタイルで闘うためには、まずはそれにふさわしい体作りから始めなければいけない、ということですね。

樫永　先日、元プロ野球選手の落合博満さんの著書『采配』（ダイヤモンド社）を読んで、これは鋭いなと感じた言葉があるんです。人間の成長に関して〝心・技・体〟のそれぞれを磨くことが大切だとよくいわれますよね。落合さんは自身の経験から、この順番が逆だというのです。つまり〝心・技・体〟ではなく、〝体・技・心〟の順番だと。私なりの解釈では、いや反省もこめてですが、何をするにも必要なのはまず体、つまり体力をつけることです。体があってこそ、技術に対する自信も確固たるものになります。体ができていないのに心、つまり根性だけでは、ケガや故障につながりやすい。また技だけでは心もとなく、心が折れやすい。体があり、技を身につけ、経験がともなえば自ずと心もタフになり、心を生かすことができるのでしょう。あ、自分のことは棚に上げていますけど（笑）。

萱野　今のお話は私にとっても非常に納得できるものです。体の状態が心の状態を決める、というのは、近年の心理学や脳神経科学などの研究によっても示されていることです。たとえば、笑うときにできる目尻のシワを意識的に作ると、たとえ作り笑いであっても実際に「楽しい」という感情が生まれてくるそうです。反対に、鬱々としているときにできるシワを人為的にとると、その鬱々とした気持ちは軽減されるといいます。鬱病の患者は、見る人が見ればその表情から鬱病であることがすぐにわかるそうです。眉間に深いシワがよって、口もへの字に曲がっている。そうした鬱病患者の眉間にボトックス注射をするとどうなるか。ボトックス注射というのは美容整形外科でシワ取りにもちいられる注射で、それをシワの周りに注射すると毒素によって筋肉がマヒし、シワがとれるというものです。眉間にボトックス注射をされた鬱病患者も、同じように、眉間の筋肉の緊張がとれてシワがなくなります。そうなると、多くの鬱病患者の性格がそれまでより明るくなり、症状が軽くなるそうです。まさに身体の状態がそのまま心の状態へと反映されるんですね。鬱病患者ではない人たちでさえ、ボトックス注射によって眉間のシワをとると、ほかの部分のシワをとった人たちと比べて、性格が明るくなったという研究も報告されています。私たちは通常、心や意識といったものが司令塔となって身体を動かしていると思い込んでいます。しかし実際には逆で、身体の状態のほうが心や意識のありようを規定している、少なくとも身体の状態と心の状態は相互に規定し合っているというべきなんです。

樫永　それはすごくよくわかります。

萱野　意識を変えたければ行動を変えろ、幸せになりたければ幸せであるようにふるまえ、ということですね。

スポーツでありながら暴力でもある矛盾

樫永　ボクシングジムで現役アマチュア選手とスパーリングをする機会が結構あるんですよ。アマチュアでしっかり経験を積んできた人は、やっぱりうまい。試合は3分3ラウンドと短いので最初からギアを上げて、短い時間のなかでいかに相手より先にナックルパートを的確に当ててポイントを稼ぐか、という訓練がきっちりできているんですね。そういう相手と技術で戦ったら、負けてしまう。では、どうやったら勝てるのか。〝技〟の競い合いではなく、相手の〝心〟を揺さぶって、〝体〟で勝つしかない。「こいつとは〝ボクシング〟をやったらあかんぞ」と念じます。要は、いかに〝殴り合い〟に持ち込むかです。

ボクシングには実はこういうちょっと奇妙に矛盾したところがあるんです。ボクシングをやりながら、ボクシングをやらないようにするというような……。

萱野　ボクシングは〝殴る〟という行為から暴力的な要素をはぎ取っていくことで近代スポーツとして成立してきましたし、また技術的にも大きな進化を遂げてきました。しかし、いざ勝負となったときには、もちろんルールの範囲内ではありますが、戦術として〝殴り合い〟という暴力へと再び近づいていく必要もあるということですね。それはたしかに矛盾ですが、むしろボクシングというスポーツの存立基盤そのものがそうした矛盾を抱えたものである、ということでしょうね。

樫永　プロの試合でも観客が熱狂するのは、そういった殴り合いの暴力的な部分が出てくる試合である気がします。そこは古代ギリシャの拳闘や18世紀イギリスのプライズ・ファイトと変わっていません。技の高度さだけでは人気がなかなか得られない。

萱野　やはり人間同士のむき出しの殴り合いを見たいという欲望が私たちにはあるんでしょうね。ただしこの欲望は、残酷なものを見たいという欲望とは似ているようで少し違っています。というのも残酷さとは、力の圧倒的な格差があるところで一方が他方をそれこそ一方的に攻撃することで生みだされるものだからです。たとえばヨーロッパでは18世紀まで拷問をともなう過酷な身体刑が公開でおこなわれていましたが、それを見るために多くの民衆が集まったそうです。そこにあるのはまさに残酷なものを見たいという欲望です。これに対して、ボクシングで人々が熱狂するのは、対等な立場にある人間同士のむき出しの殴り合いです。その欲望はたしかに暴力をめぐるひとつの欲望ではありますが、決して残酷なものを見たいという欲望とは同じではありません。ともあれボクシングが、むき出しの殴り合いから暴力的な要素をはぎ取ったところに成立しながらも、そのむき出しの殴り合いを見たいという人々の欲望によって支えられている、という矛盾した存在であることは変わりません。

樫永　そこがまたボクシングのおもしろいところでもあります。ボクシングの協会はもちろん、ボクシングが〝スポーツであること〟にすごくこだわるわけですが、スポーツの枠組みから見たらボクシングはとても特殊な競技です。ボクシングでは脳震盪を起こさせるなど、相手の身体にコントロール不能なまでのダメージを与えることが最高の勝利とされ、いかに相手の身体に効率的に大きな損傷を与えるかを競います。そこがほかのスポーツと決定的に違っているのです。しかも、どれだけ協会が「ボクシングはスポーツです」と言い続けても、観客はボクシングのなかに暴力を求めてしまう。

萱野　ボクシングが暴力性を排除してスポーツとして純化していけばしていくほど、ボクシングファンは離れていってしまう、というジレンマがそこにはありますよね。その純化が進めば、最終的にはプロボクシングもアマチュアボクシングもほとんど変わらないものになってしまいます。

樫永　プロに比べてアマチュアボクシングの人気が低いのも、ノックダウンをとりにいくより、パンチの的確さを重視するルールに原因があると思います。しかし一方で、プロのポイントの取り方はアマにどんどん近づいているんですよ。また、アマもオリンピックルールでヘッドギアを廃止したり、プロの参加を認めたりするなど、プロ化しています。ルールの面で、プロとアマは双方から近づきつつあるんです。

残酷な暴力を見たいという本質的な欲望の変化

萱野　先ほど私は、むき出しの殴り合いを見たいという欲望と残酷なものを見たいという欲望は必ずしも同じものではない、ということを指摘しましたが、どちらにせよ人間が暴力に惹きつけられてしまう存在だという点は変わりません。その一方で、人類の歴史を見ると、暴力は歴史を下れば下るほど、つまり現代に近づくほど、社会から排除されていく傾向にあることがわかります。たとえばヨーロッパでは拷問をともなった過酷な刑罰は18世紀末から19世紀初頭にかけて姿を消しました。フランスの哲学者、ミシェル・フーコーが分析したように、その後は受刑者の矯正をめざす監獄への収監が主な刑罰となっていきます。日本でも、第二次世界大戦後すぐの時期と現代とを比べると、他殺によって死ぬ確率は7分の1ほどに減っています。つまり戦後すぐの時期は今より7倍も誰かに殺される可能性が高かったということですね。今や私たちは日常生活のなかで暴力にさらされたり、暴力を目の当たりにしたりすることがほとんどなくなりました。その結果、逆説的にではありますが、暴力はますますショーとして消費され、人々はますます〝気晴らし〟として暴力を楽しむようになっています。

樫永　たとえば世界的にヒットするハリウッド映画に暴力的な要素は不可欠、といってもいいくらいですもんね。

萱野　暴力を〝気晴らし〟として楽しむというのも人間だけの行動形態ですよね。現代では、そうした〝気晴らし〟だけが暴力との関わりである、という人も少なくないでしょう。ところで、こうした暴力をめぐる歴史的変化を見るにつけ、どうしても人間の本質とは何かという問いが頭をめぐってしまいます。つまり、人間は暴力にいやおうなく惹きつけられてしまう存在である一方で、暴力を忌み嫌う存在でもある。暴力が歴史を通じて社会から排除されるようになってきたのは、人間が暴力を忌み嫌う傾向を持っているからこそです。では、暴力に惹きつけられる傾向性と暴力を忌み嫌う傾向性の、どちらがより人間の本質に近いのか。樫永さんはどうお考えになりますか。

樫永　またしてもドストエフスキーの引用ですが、『地下室の手記』には人間の残酷さについてこんなことが書かれています。「少なくとも文明のおかげで、人間がより残虐になったとはいえないまでも、たしかに以前よりはその残虐さがみにくく醜悪になったとはいえる」と。やはり、人間のあいだに暴力に対する欲望は依然として残っていて、社会の認識や人々の感性の変化が、それを隠蔽するような仕組みを発展させてきたのではないでしょうか。ところで最近、著名人やタレントの不祥事やスキャンダルが発覚したとき、「正義」の立場から、メディアが一斉に袋叩きにするかのごとく執拗に報道すること、ありますよね。またネット上での書き込みもすごい。多くの人々が、物理的な行使をともなわないかたちで、ちょっと歪んだ暴力への欲望を満たしているような気がします。つまり、これが醜悪な残虐さかなと。

萱野　暴力に惹きつけられる傾向性のほうが、人間にとってより根源的だということですね。

樫永　歴史社会学者ノルベルト・エリアスは、社会の変化と合わせて、暴力や流血、残酷な行為を嫌悪するという人間の理性が発達し、それが文明化をもたらしたと論じています。そしてボクシングなどの近代スポーツも、そういった文明化の過程で成立したのだ、と。

彼は近代スポーツ成立の過程を暴力との関連から説明したわけですが、これも人間の本質が変わったというよりも、社会の変化に合わせて理性がそれを抑制し、行動形態が変わってきたということなのでしょう。また、人口の増加とメディアの進化も暴力に対する感性に大きな影響を及ぼしてきたし、今後もさらにその影響は大きくなるだろうと感じています。とくに現代のスマートフォンの出現は大きくて、文化の異なるこれほどまでに莫大な数の人間が、同じ情報を、そして同じ感性を共有できる時代というのは、かつてありませんでしたから。

視線の変化と暴力的傾向の変化

萱野　人々が互いの共感性をより高めることで、暴力への欲望が減少していくということでしょうか。

樫永　欲望の減少以前に、自制せざるをえない状況が進むという感じでしょうか。地球上に80億以上もの人間が共存していくためには、各個人が引きこもらざるをえないところがあるのではないか。いわば引きこもり的な暴力の自制が生じている状態なんじゃないかな、と。

萱野　エレベーターのなかでは誰もが体を硬直させて、体が互いに触れ合わないようにしますし、また視線についても階数表示を見つめることで互いに交じり合わないようにしますよね。これは無意識的に攻撃行動を抑制する〝エレベーター効果〟といわれるものですが、今や人々がますます集住し情報を共有することで、社会全体がそうした効果をより発揮するようになっている、ということでしょうか。

樫永　スマホは今や、いつでもどこでも〝エレベーター効果〟を作り出せる魔法の機械……。電車のなかはもちろん、歩きながらでもみんなスマホを見つめ、自分の世界におとなしく閉じこもっていますよね。私自身はスマホを持っていないので、いつも人の行動を見て楽しんでいるんですけど（笑）。

萱野　視線が持つ力というのはとても大きいですからね。視線を交わすことは人と人との関係作りの第一歩ですが、他方でコンフリクトのきっかけにもなるものです。実際、他人をじろじろと見ることは礼儀に反する行為とされていますし、「ガンを飛ばした」ということでトラブルが起こることさえある。樫永さんも『殴り合いの文化史』のなかで、動物行動学的にじっと睨むことはもっとも激しい攻撃の動作となる、ということを指摘されていますね。

樫永　そういう視線を封じ込めるものとしても、スマホは機能しているのでしょう。昔は花見はもちろん、年末年始の買い出しなんかでも大勢の人が集まるとケンカが起こるのが当たり前で、数人の死人が出ることも珍しくなかったといいますからね。

萱野　明治大正期なんて、街では本当にケンカばかりだったそうですね。しかし今では街中のケンカなんてめったに見ることはありません。暴力に触れる機会が減ることによって、さらに暴力を忌み嫌う傾向が強くなり、暴力を社会から排除しようという力学もさらに強固になる。こうした流れは今後も続くでしょう。

樫永　暴力が不可視なものになったことが、抑止的な効果も及ぼしているでしょう。ただ、それは社会の仕組みによってうまく抑制されているだけで、状況が変われば、人間もまた変わるのでは、という気がします。

萱野　大きな歴史の流れで見た場合、暴力を排除していく社会の方向性はどこまで不可逆的なものなのか、ということが問題になりますね。

樫永　人間はどのようにも変わりうる存在です。今は理性が暴力を抑制する方向に働いていますが、逆に理性がそれを増長させる方向に働くこともありえます。謀殺などはまさに理性ゆえの暴力ですし、また多くの殺人や暴力がまさに正義のために起きるのです。僕は人間をすごく不安定な存在だととらえています。だから、そんな人間を取り巻く状況に合わせて、〝殴り合い〟というきわめて人間的な闘争もまたかたちを変えて残り続けていくのでしょう。

人類と感染症

神里達博
［千葉大学大学院国際学術研究院教授］

かみさと・たつひろ

1967年生まれ。博士（工学）。東京大学工学部卒。東京大学大学院総合文化研究科博士課程単位取得満期退学。三菱化学生命科学研究所、東大・阪大特任准教授などを経て、現職。朝日新聞客員論説委員。専門は科学史、科学論、リスク社会論。著書に『文明探偵の冒険』（講談社現代新書）、『食品リスク』（弘文堂）など。

［初出　「サイゾー」2020年4月・5月号、6月号］

萱野　神里さんとはかつて東日本大震災を契機に日本における文明のあり方を考察した共著書『没落する文明』（集英社新書）を上梓しました。今回は、いま世界的な問題になっている新型コロナウイルスによるパンデミックについて、そして人類と感染症との関係について、議論を交わしていきたいと思います（※編注　この対談は新型コロナウイルスによる感染症が日本でも広がり始めた2020年3月19日に収録）。神里さんは科学史・科学論の専門家で、とりわけ〝リスク社会〟についての研究をされていますが、最初に手がけたのは感染症についての研究だったそうですね。

神里　BSE、いわゆる狂牛病の研究です。ヒトと牛の両方が罹患する人獣共通感染症が、社会にどのようなインパクトを与えたのか、科学論的な検討をおこなった研究がキャリアのスタートになりました。その後、03年のSARSや09年の豚由来の新型インフルエンザの発生、流行などについても関心を持って注視し、いくつかの論考を書きました。

専門家・政治への不信感とリスクコミュニケーション

萱野　今回の新型コロナウイルス感染症については、中国の武漢にある華南海鮮市場が発生源とされています。ただ、発生源については、武漢にある世界トップレベルのウイルス研究所から漏出したのではないかという説も根強くあり、また中国政府からは米軍が武漢にウイルスを持ち込んだのではないかという主張さえなされています。発生源についてさえこのような錯綜した状況になっていることに対して、神里さんはどうご覧になっていますか。

神里　社会的な不安が広がっているときはデマやフェイクニュースも含め、さまざまな言説が広がるものです。これは専門家に対する不信感が高まっていることも影響しているでしょう。生物兵器説や米軍持ち込み説なんていうのはかなり極端な例ですが、日本国内でも「感染者数を少なく見せるために国がＰＣＲ検査をしないよう圧力をかけているのでは」といった疑念が繰り返し語られています。こういう点で、現在の新型コロナウイルスへの反応は３・11の福島原発事故に近いものを感じています。あの当時も放射線リスクの理解をめぐって世論が大きく対立した。社会的な状態としては、かなり共通性があるものになっているのではないでしょうか。

萱野　今回のパンデミックでは政府の専門家会議から出される意見と、テレビのワイドショーなどに登場する専門家の意見が食い違っている、ということもしばしばみられます。

神里　政府の発表やテレビの報道を受け取る一般の人たちから見ると、専門家たちの話が一致していない。すると当然、いったい何が正しいのかと不安になるわけです。

萱野　専門家に対する不信感ということでいえば、専門家のいうリスクと私たちが考えるリスクがあまりに乖離してしまっているということも、その不信感の背景にはありますよね。たとえば、（２０２０年）２月半ばぐらいまでは、複数の専門家が「それほど怖がる必要はない」といった主張をしていました。「ＳＡＲＳやエボラ出血熱のような他の感染症に比べて致死率は低い」「重症化する例は少ない」「むしろ毎年流行している季節性インフルエンザのほうが死亡者が多い」などの主張です。しかし、一般の人たちからすれば、治療薬のない感染症に自分や家族がかかってしまうこと自体が恐怖なので、致死率がどれくらいといった確率を示されても、ほとんど安心材料にはなりません。こうした乖離に、専門家は少し無自覚なのではないでしょうか。

神里　まさに〝リスクコミュニケーション〟の問題ですね。今回のような事態になってしまうと、その乖離を埋めるのはなかなか難しいでしょう。もちろん、政府の対策専門家会議のなかにはリスクコミュニケーションの観点から丁寧なアナウンスをされている方もいます。ただ、テレビをはじめとする各メディアでほかの専門家たちからさまざまな主張が出てくると、どうしてもギャップが生じてしまう。これは致し方ない面はあります。今回のケースで専門家とは、その多くが〝医師〟ですが、基本的に独立性が高い仕事で、自分の腕次第でいくらでも食べていける職業です。つまり、どこかに忖度しなくていい。それぞれの医者が自分の信念にもとづいて自由な主張ができるわけで、意見が分かれるのもある意味で当然といえます。科学的な議論において、さまざまな意見が出てくるのは健全なことですが、これが自分の健康と生活に関わる公衆衛生の問題で、お茶の間に流れるとみんな混乱するし、不安になってしまう。たとえば、自分の病気について複数の医者がいろいろと違うことをいっていたら、患者はものすごく怖いですよね。個人の病気と違って公衆衛生についてはオープンに主張がなされるので、こうした問題が起こってしまうのです。

萱野　マスメディアのなかには、とにかく政府を批判しなければ気がすまないという人が多くいます。そうした人たちが、政府の対応に批判的な専門家をその発言の中身を検証することなく担ぎ出してしまうことも、人々に不安や混乱をもたらす原因になっていますね。

神里　政治や行政に対する不信感も、同じように高まっていたという側面はあると思います。これも3・11のときと非常に近い。今回も感染拡大を防ぐために、段階に応じてさまざまな政策決定がなされてきたのですが、どのような根拠があってそのような政策決定がなされたのか、よくわからないというものがいくつもあった。もちろん、政治や行政の先には専門家がいて、その意見をもとにしているわけですが、専門家に聞けば科学的に正しい答えが出てくるというのは幻想です。どのような政策であっても、それぞれにリスクと不確実性があって、正解と不正解の線を科学的にくっきりと引くことはできません。政治的な決断というものは、専門家たちの知見から得られたリスクの異なる複数のオプションから、正解の見えない不確実性のなかで選択をすることです。「このウイルスをどのぐらい恐れるべきか」「社会的にどのくらい深刻な意味を持っているのか」、こういった問題は専門家だけに答えられるものではなく、それは「私たちがどのような社会を目指しているのか」によって変わるものです。その決断をすることが政治の役割です。今回、そうした政治的決断の根拠がうまくアナウンスできているとはいえなかった。とくにリスクコミュニケーションの観点から失敗だったと感じるのは、水際対策の強化から国内の感染拡大の防止へフェイズが変わったときの対応です。当然、そこが切り替わった段階で基本方針も対策もまったく異なるものになるのですが、政府の発表や対応はどうもちぐはぐで、どのようなコントロールをするつもりなのか、よく見えてきませんでした。

萱野　私もあのときは、国民の理解と協力を得るための、もっとも重要なコミュニケーションの要素が抜け落ちてしまっていたと思いました。もうひとつ、リスクコミュニケーションの点で政府が失敗したと私が感じたのは、PCR検査の戦略についてです。もともと政府がPCR検査のハードルを高くしていたのは、検査を求めて多くの人が医療機関に殺到し、そこで感染が広がってしまったり、医療が崩壊してしまったりするのを防ぐためでした。事実、感染ルートを追うことができて、クラスターをつぶしていくことができる段階では、無限定の検査をおこなうことにはメリットよりもデメリットのほうが大きかったのです。しかし、そうした戦略の狙いが国民にうまく伝わらなかったことで、神里さんが先ほどいわれたような疑念がマスコミも含めて広がってしまいました。

神里　その点については、基本的には萱野さんのおっしゃる通りだと思います。ただ、一方で厚労省や保健所のリソースがかなり不足しているという問題も露呈したのではないでしょうか。私はコロナ以前から、増強すべきだと考えてきたのですが、普段から仕事量に比べて厚労省も保健所も人手、予算、設備がまったく足りていないような状態です。そこに今回の突然降って湧いたような事態が起きてしまったわけで、本当に限界ギリギリだと思うのですが、パフォーマンスとしてうまくいっていたかというと、厳しい面もあります。ダイヤモンド・プリンセス号での防疫体制については感染症対策が専門の神戸大学・岩田健太郎教授の告発が話題になりましたが、あのYouTubeで動画公開をするというやり方の是非は置いておくとして、実際に感染症制御の常識からはずれていた問題があったことは間違いありません。また、医師からのPCR検査依頼を保健所は検査体制が整っていないことを理由に拒否していたケースが相当数あったことも報告されています。とはいえ、未知のウイルスを相手に現実的なリソースがないなか、手探りでやれることをやってきた政府の対応を一方的に責める気にはなれません。たしかに日本の検査数は少なくて、実際の感染者数はかなり多いのではないかという指摘はあるのですが、現状ではなんとか持ちこたえているように見えます。もちろん、今後、どういう展開になるかはわかりませんが。

萱野　この対談がおこなわれている2020年3月19日の時点では、日本は、医療崩壊を起こしてしまったイタリアや都市封鎖が相次いでいる欧米諸国のような状態にはなっていません。それら欧米諸国と比べて日本ではかなり早くから感染者が確認されていたことを考えるなら、日本は比較的長く感染爆発しない状態にとどまることができたといえるかもしれません。

感染拡大を抑制した日本人の気質

神里　ちょっとでも警戒が緩むと、あっという間に感染爆発が起こる可能性はありますが、これまで日本の感染拡大が抑えられていた理由の一部には、日本社会の特殊な〝空気〟が作用しているという気がしているんですよ。日本の公衆衛生対策は都道府県単位なので、それぞれの感染者の発生状況を知事が発表したり、マップで表示したりしていますよね。ああいうものを見ると、日本人は誰でも「自分が最初の感染者になりたくない」と感じるものです。非科学的な話ですが、感染症に対して一種の〝ケガレ〟のような意識を感じてしまう。それで、自分がさらし者のようになることを非常に恐れるんですね。

萱野　ウイルス感染がスティグマ（社会的な烙印）になると。

神里　そうです。日本人はやはり集団主義的なところがあります。もともと、この社会は相互監視的で、世間の目を恐れるのですが、今はそれがさらに強化されている状態です。もう人前で咳をするだけで睨まれるぐらい（笑）。ですから、「もしかしたら感染したのかも」と感じるような軽い症状があったとしても、自宅に引きこもったり、あるいは、それを隠したまま普段通りの生活をして、病院に行こうとしない。それで検査を受けることなく回復したり、知らず知らずのうちに周りに感染させたり、そういうケースはかなりあるのではないかと推測しています。つまり、感染を〝ケガレ〟のように見なす社会全体の空気や日本人のメンタリティによって、感染が隠蔽されてしまっている状態ではないか、と。それと、日本人には握手、キス、ハグといった身体を接触させるコミュニケーションの習慣がないことも感染リスクを下げているという指摘がされていますが、それに加えて、日本では公共の場で知らない人とおしゃべりをすることは、地域にもよりますが、ほとんどないですよね。この日本人のコミュニケーション気質も、思いのほか感染拡大の抑止に寄与しているのではないかと考えているんですよ。満員電車でクラスターが発生していないのは、乗客がみんなマスクをしていてしゃべらないからかも、と。

萱野　たしかに朝の満員電車はとても静かですね。

神里　一方で、ライブハウスやカラオケボックス、ナイトクラブのようなクラスター発生が危惧されている場所は、みんな大きな声を出しているわけで、行動様式がだいぶ異なります。ですから、もしスポーツの応援をするならば、声を出さず拍手のみ、などのやり方を考えるべきかもしれない。今後の予測は難しいですが、そういったことに気をつけないと流行拡大が繰り返し起きることも考えられます。

萱野　その場合、ウイルスの変異もやはり危惧されますね。

神里　従来型のコロナウイルスを含め、一般に風邪を起こすウイルスは、免疫が1年くらいで消えてしまうため、生涯のうちに何度もかかります。仮に新型コロナも同じ性質だとすると、完全制圧は難しいでしょう。一方で、コロナウイルスの仲間は比較的変化しやすいRNAウイルスで、武漢で流行したものと欧米で流行したものでは、すでに遺伝子配列が微妙に異なっており、こうした変異をたどった系統樹も作成されています。今後も変異を繰り返し、むしろ普通の風邪と同じような弱毒性になっていく可能性が高いと思いますが、そうなるまでの道のりは未知の点も多く、かなりやっかいなウイルスだと思います。

適応への〝踊り場〟としての感染症の流行

萱野 人類の歴史は、感染症との戦いの歴史でもあります。今回の新型コロナウイルスによるパンデミックも、全世界を揺るがした大きな脅威として人類史に残るでしょうね。

神里 人類と感染症との戦いは、狩猟採集民だった人類が農耕を採用し、定住を始めたときから始まりました。これは動物を家畜として飼育し、一緒に暮らすようになったからです。もともと動物を宿主としていた病原体が人間に伝播することで、人獣共通感染症が発生したんですね。たとえば、結核はウシ、天然痘はラクダに由来する病原体が変異したものと考えられています。定住せずに狩猟採集をしていた頃の人類は、こうした感染症に苦しめられることは少なかったようです。人類の暮らし、環境の変化によって、さまざまな感染症が発生してきたわけです。それを考えると、感染症との遭遇は〝適応の過程における踊り場〟のようなものではないか、と感じます。基本的には、感染症が発生すると人間は死亡するか、回復して免疫を獲得するかのどちらかです。しかし、ウイルスの立場から見れば、宿主である人間を殺してしまっては自分の居場所もなくなってしまうので、毒性が強すぎてはダメです。人間の側も免疫をアップデートさせて対抗する。こうして「人間と良い関係」を構築できたウイルスが生き残る。しかし人間はみずからまた環境を変え、そこで新しい病原体と出会い、新たな感染症が発生する。こういうことを繰り返してきた。つまり、細菌やウイルスが人間に適応していくプロセスには、必ず感染症の流行という〝踊り場〟があるということです。当然、それはこれからも起こっていくことだし、そこでどのような感染症が出てくるかは誰にもわかりません。

萱野　人類が新たな技術を手にしたり、生存領域を拡大したりすると、当然、人類と自然環境との関係も変化します。動物の家畜化もその変化のひとつですね。そうした変化によってもたらされる結果のひとつとして感染症は存在します。と同時に、感染症は人類社会を変化させる要因にもなってきました。人類にとって感染症とは変化の結果でもあり原因でもあるということです。そうした人類と感染症の関わりについて、ここからさらに議論を深めていきたいと思います。

感染症が人類にもたらした功罪

萱野　新型コロナウイルスによるパンデミックは、全世界を揺るがす危機にまでなりました。人類史を見ると、これまでも感染症は人類社会に大きな打撃を与えています。と同時に、感染症は人類社会に変化をもたらす要因にもなってきました。たとえば天然痘です。

15世紀末のコロンブスの航海をきっかけに多くのヨーロッパ人がアメリカ大陸を探検し、そこに入植していきましたが、その過程で天然痘がアメリカ大陸にもちこまれ、相当な数の先住民がその感染によって命を落としました。一説には、コロンブスの航海以降、約200年の間に先住民の人口の9割近くがヨーロッパから持ち込まれた感染症で死んだとされています。それは結果的にアステカ帝国やインカ帝国の滅亡さえもたらすことになりました。なぜアメリカ大陸の先住民には感染症に対する免疫がなく、その一方でヨーロッパ人にはあったのかといえば、ヨーロッパ人は馬や牛を家畜化していたからだと考えられています。

神里　天然痘ウイルスの起源は定かではないのですが、免疫については旧大陸のほうがそういった動物との関係が深かったことは、大きく影響しているでしょう。当然、免疫を獲得するまでに、ヨーロッパでもかなり多くの人が亡くなっているはずですが。

萱野　そもそもアメリカ大陸には、馬や牛といった家畜化できる野生動物がほとんど生息していませんでした。そうした野生動物との関わりの違いが、人類史の帰趨に大きな影響を与えました。

神里　一方、アジアからヨーロッパに伝播したペストやコレラは逆にヨーロッパ人に免疫がなかったため、大流行が起きたという歴史があります。

萱野　ペストは近代以前のヨーロッパに、深刻なパンデミックを何度も引き起こしていますね。とりわけ14世紀の大流行では当時のヨーロッパ人口の3分の2が死亡したとも推定されています。この人口激減によって労働力が希少なものとなり、それまで多数の農奴を酷使することで成り立っていた封建制が崩壊していきました。ペストの大流行が近代的な生産関係を成立させる要因にもなったのです。

神里　感染症の流行が社会の構造まで変えていったということですね。その変化は、ヨーロッパにおける人権や民主主義的な考え方が生まれたこととも関係しているといえるかもしれませんね。ヨーロッパでは17世紀にもペストが流行しましたが、このときも実は、人類史に残る〝発見〟に影響を与えています。アイザック・ニュートンはペストの流行でケンブリッジ大学が閉鎖されたために、故郷に帰り、その休暇中にひとりで思索を深めているとき、三大業績といわれる〝万有引力の法則、微分積分法、光学理論〟を着想したからです。

萱野　その17世紀のペストの流行について、20世紀フランスの哲学者、ミシェル・フーコーは『監獄の誕生』のなかで、「規律訓練」型権力が成立してくるひとつの起源になったと述べています。「規律訓練」型の権力というのは、フーコー自身の概念で、個々人に照準を合わせた細やかな監視と行動管理によって成り立つ権力のことです。つまりペストの流行を抑え込むために、各戸に誰が住んでいるのかが正確に調べ上げられ、その住民がどのような病状を示しているか、混乱に乗じて犯罪行為などを犯さないか、といったことが一人ひとり監視されるようになったのです。この点でいえば、近代的な権力は感染症対策と切っても切り離せません。

神里　感染症が、政治や権力のかたちを変容させるきっかけにもなったのですね。

公衆衛生の発展と近代的な都市政策

萱野　19世紀にヨーロッパで起こったコレラの流行では、ロンドンの医師、ジョン・スノウが統計学的な調査によってコレラの感染経路を特定したことで、疫学の発展につながりました。当時、コレラは空気感染すると考えられていたのですが、スノウは感染者が出た家をマッピングすることで、特定の水道会社から取水された水を飲んでいる地域でコレラの感染が多発していることを突き止めます。コレラ菌が発見される30年も前のことです。この功績によってスノウは疫学の父と呼ばれています。

神里　スノウと同時代のハンガリー人の医師、イグナーツ・ゼメルヴァイスも統計学的な観察から、その後の公衆衛生に大きな影響を与える重要な発見をしています。現在、新型コロナウイルス感染防止のために手指消毒の重要性が盛んに強調されていますが、〝手を洗う〟ことで病気の感染を防げると初めて主張したのがゼメルヴァイスだったのです。当時、ウィーン総合病院の産科に勤務していた彼は、医師が妊産婦の出産を介助したケースでは、助産師が介助したときと比べて産褥熱による死亡率が2倍であることに気づいて、「医師の手に付着した何か」が産褥熱の原因ではないかと考えました。当時の医師は患者や遺体に触れた後に、妊産婦の検査や介助をおこなうことがあったからです。そこで医師に妊産婦の処置前にサラシ粉で手洗いをさせたところ、産褥熱の発生率は劇的に下がりました。産褥熱は細菌感染症ですが、ゼメルヴァイスもまた細菌が発見される前に経験と観察から、手指消毒が感染防止になることを発見したのです。

萱野　興味深いのは、疫学の誕生は医学の一分野の誕生であるということだけでなく、社会工学的な統治の技法が生まれる契機にもなったということです。たとえばスノウの発見は、都市にどう水道を整備していくかという問題意識につながりますし、ゼメルヴァイスの発見も、人々にどう手洗いを身につけさせるかという問題意識につながっていきます。つまり疫学の発見は、マス的な観点から人間集団の調整管理をおこなう新しい統治の技法をも生みだしていったのです。フーコーはその新しい統治の技法を『性の歴史Ⅰ　知への意志』のなかで「人口の生‐政治学」と呼びました。そうした統治の技法のもとでヨーロッパ各地の都市も近代化されていきます。たとえばパリでは、19世紀後半にセーヌ県知事に就任したジョルジュ・オスマンが大規模な都市改造計画を打ち立てて、上下水道の整備などをおこない、現在のパリの姿の原型をつくりました。

神里　日本では大正時代にオスマンに影響を受けた元医師の後藤新平が東京市の市長となって公衆衛生を普及させ、関東大震災後の復興都市計画も担っています。日本の場合、江戸は衛生面においてヨーロッパの近代都市に比べてかなり進んでいたのですが、私たちが使うような意味での衛生という概念は存在しなかった。江戸時代には命を養う〝養生〟という考え方があり、それが近代化にともなって、命を衛る〝衛生〟へ移り変わっていく。近代化は衛生意識が高まるプロセスともいえると思います。

人間の細胞を奪い合うウイルスの戦略

萱野　近代化を通じて人々の生活は少しずつ衛生的になっていきましたが、それでも人類は新たな感染症の脅威にさらされ続けてきました。20世紀以降に発生したパンデミックでもっとも被害が大きかったのは「スペインかぜ（スペイン・インフルエンザ）」のパンデミックです。スペインかぜは第一次世界大戦の戦中から戦後にかけて猛威をふるい、第一次世界大戦の戦死者よりも多くの犠牲者を出しました。最流行期の1918〜1919年の2年間には世界で約4000万人が死亡し、終息を迎えた1923年までの累計では約7500万人が死亡したともいわれています。

神里　日本は他国に比べれば被害が少なかったのですが、それでも当時の人口約5700万人のうち、約2400万人が感染し、約39万人が亡くなったとされています。スペインかぜの特徴は普通のインフルエンザと違って15〜35歳ぐらいの健康な若年層がもっとも多く死者を出したことです。これは若者のほうが免疫機構が強く活発なため、その免疫機構が過剰に反応する「サイトカイン・ストーム」を起こしてしまったからだともいわれています。さらに、細菌の二次感染が起きたケースも多く、当時は抗生物質がなかったために死者が増えたということもあります。そういう意味では今後、インフルエンザでスペインかぜほどの犠牲者が出ることはないと思うのですが、H5N1型といわれる鳥インフルエンザは引き続き注意が必要な大きな脅威です。これは非常に致死率が高く、人から人へと伝播する新型インフルエンザに変異してパンデミックが発生したら、おそらく現在の新型コロナより深刻な事態になります。そういう意味では、この感染症に対する危機感が高まっている状況で、畜産の現状についての議論はあっていいと思いますね。

萱野　2009年には豚由来の新型インフルエンザが世界的に流行しましたね。それ以外にも近年は、SARS、MERS、デング熱やジカ熱、エボラ出血熱といった感染症も問題になりました。近年になって新しい感染症の流行が頻発化しているような印象も受けるのですが、実際にはどうなのでしょうか。

神里　新興・再興感染症と呼ばれるものですね。近年、よく問題になるようになったのは、要因としてふたつの側面があると思います。まず、かつてはより恐ろしい感染症がいくつも存在していたということです。麻疹、天然痘、結核といった感染症が高い致死率のまま世界を席巻している頃は、仮に新型コロナウイルスの流行が発生しても、おそらく問題にされなかったでしょう。より強毒な感染症が猛威をふるっているなかでは、毒性の弱い感染症は社会的に目立たないわけです。加えてウイルスは人間の細胞を奪い合う競合関係にあるわけで、生物学的なニッチが一致する強いものがはびこっていれば、感染力の弱いウイルスは出る幕がありません。人間はワクチン開発などによってさまざまな感染症を克服してきましたが、そこでこれまで出番のなかったウイルスが「人間の細胞って穴場じゃない？」と出てきている面もあるかもしれません。もうひとつの側面は、著しいグローバル化の進展です。コレラやスペインかぜの世界的な流行も、その時代におけるグローバル化の影響によるところが大きかったですが、現在それはさらに加速し、さまざまなかたちでより密なものになっています。このように世界の環境が変わったことによって、ウイルスはかつてない高スピードで世界中に拡散できるようになった。かつてならローカルな風土病でとどまっていたかもしれない感染症が、宿主となった人間がさまざまな場所に移動することで拡散し、世界規模の流行を起こせるようになったということです。

萱野　野生動物との接触についてはどうでしょうか。開発などによって人間の活動圏が広がり、これまでになかった野生動物との接触の機会が増えたことで、新しい感染症が発生しているという側面もあるのでしょうか。

神里　エボラ出血熱はそのパターンでしょう。エボラウイルスの自然宿主はコウモリだと推定されていて、普段はとくに悪さをすることなくその細胞に潜んでいます。それが、ごくまれに人間がそうしたコウモリとなんらかのかたちで接触することでウイルスが伝播して、エボラ出血熱という感染症が発生してしまった。ただ、これはウイルスの立場からすると失敗なんですね。先ほども少し話しましたが、ウイルスは宿主と共生しなくては生きていけません。エボラウイルスはそれなりに感染力はありますが、毒性があまりに強いために宿主になった人間をすぐに動けなくしてしまう。だから、そんなに拡散できないのです。これはウイルスの戦略としてはうまくない。その一方で戦略が非常に優れているウイルスといえば、ヘルペスです。ヘルペスは哺乳類・鳥類・魚類など、さまざまな動物にそれぞれフィットするように変異していて、人間の場合は水痘・帯状疱疹ウイルスです。これは「水ぼうそう」を起こしますが、治癒した後も体内にずっと残っていて、疲労が溜まったときなどに活性化して帯状疱疹を起こします。そういうかたちで、宿主を殺すことなく、ずっと共生している。これがウイルスにとっては理想の状態なんですね。そういう点から考えると、比較的多くの感染者が重症化せず、無症状や軽症のまま感染を広げてしまう新型コロナウイルスは、かなり戦略がうまくいっているといえるかもしれません。

ポスト・コロナ時代の変化と課題

萱野　世界中で深刻な被害をもたらしている新型コロナウイルスは、今後、感染拡大が終息したあとも人類社会に大きな影響と変化をもたらすでしょうね。

神里　今回のパンデミックの影響としては、まず、あらゆるシーンのＩＴ化、デジタルシフトがさらに加速していくことは間違いないでしょう。

萱野　この対談もウェブミーティングアプリのＺｏｏｍを使ってお互い自宅にいながらおこなっています。実際に使ってみると意外と支障はありません。大学でも現在、オンライン授業の体制構築が大急ぎで進められていて、新型コロナ危機による社会変化を身近に感じています。

神里　なんとなく慣例に従ったままで進んでこなかった日本のワークスタイルの改革は、今回半ば強制的にテレワークなどを実践したことで本格的に進むでしょうね。そこは必ずしもマイナスの影響ではないと思います。ムダな会議や長い通勤時間などの削減、柔軟な働き方の推進など、従来の習慣や社会常識を見直すチャンスになる可能性もあるのではないでしょうか。一方、世界的にも国境を越える移動が大幅に制限されるという事態になりましたが、そもそも飛行機に何十キロもある人間を数百人乗せて、高度1万メートルの高さで何千キロも移動するなんてことは、サステナビリティ的な観点からすると決して効率がいいものではありません。環境活動家グレタ・トゥンベリさんのようにコロナ以前から異議申し立てをしていた人は多いわけですが、今後は意外なかたちでグローバリゼーションのあり方やエコロジー問題に影響を与えることもありそうです。

萱野　新型コロナ危機では「ソーシャル・ディスタンシング（社会的に人と距離を保つこと）」が推奨されました。近代社会のひとつの傾向として、人々が共同体から離れて人との距離を物理的にも精神的にも少しずつ広げていく、ということがあります。たとえば私たちのような昭和生まれの世代ですら、昭和時代のような他人とべったりの人間関係はもう嫌ですよね。プライバシーを当然のように詮索されたり、飲み会への参加が事実上強制だったりすることに、若いときにはそれが当たり前だった世代ですら抵抗を感じるようになりました。新型コロナウイルスとの戦いが長期戦になればなるほど、こうした近代化の傾向はさらに加速されて、他人との接触がより薄くなったライフスタイルが定着するかもしれません。

神里　そのような変化が加速することが、全体として良いことなのか、悪いことなのか、ちょっとまだ判断はつかないですね。ただ、子どもたちを見ていると、こういう状況でも友達とネットゲームを介して仲良く遊んでいて、思いのほか順応しているところもあります。中学生が『マインクラフト』を通じてオンライン卒業式を開催したという報道もありましたね。大人の感覚からすると、ちょっとヴァーチャルすぎるだろうと感じるところもありますが。

萱野　子どもたちは本当に適応力が高いですからね。他方で、やはり人間は他者との身体的な共振をどうしても求めてしまう存在でもあります。たとえば音楽でも、家でひとりで聴いているだけでは飽き足らず、ライブに行って大勢で盛り上がりたいと思ってしまう。その欲求から人間が脱却できるとはとても思えませんね。

神里　その矛盾をどう乗り越えていくか、ある意味での「イノベーション」が今後、さまざまなシーンで試みられていくのではないでしょうか。

少子化問題から浮かびあがる人間の本質

赤川 学
［東京大学大学院人文社会系研究科教授］

あかがわ・まなぶ

1967年生まれ。東京大学大学院人文社会系研究科社会学専攻博士課程修了。博士（社会学）。専門は社会問題の社会学、歴史社会学、セクシュアリティ研究、人口減少社会論、猫社会学。著書に『子どもが減って何が悪いか！』『これが答えだ！ 少子化問題』（共にちくま新書）、『セクシュアリティの歴史社会学』（勁草書房）、『少子化問題の社会学』（弘文堂）など。

［初出 「サイゾー」2020年7月・8月号、9月号］

萱野　社会学者である赤川学さんは『これが答えだ！　少子化問題』（ちくま新書）、『少子化問題の社会学』（弘文堂）などの著作を発表し、少子化の問題をめぐってきわめて鋭い考察を展開しています。ここでは日本の少子化問題を切り口にして人間の本質に迫っていければと思っております。まずは少子化の現状を確認しておきたいと思います。現在、少子化のペースは政府の推計を超えて加速しています。２０１９年の人口動態統計では国内出生数が過去最少の86万５２３４人に落ち込みました。ひとりの女性が生涯に産む子どもの数を示す合計特殊出生率も１・36と４年連続で低下しています。20年は新型コロナウイルス感染拡大の影響もあり、さらに出生数が減るのではないかという予測もあります。政府は20年５月に閣議決定した少子化社会対策大綱で、子育て世代が希望通りに子どもを持てる〝希望出生率〟の基本目標を１・８に定めていますが、これまで政府によって実施されたさまざまな対策にもかかわらず、出生数も合計特殊出生率も低下傾向に歯止めがかかっていません。

赤川　日本における人口問題の流れをあらためて確認すると、そもそも戦後日本は国を挙げて少子化を〝促進〟してきました。戦前の「産めよ殖やせよ」から一転して人口増加による危機が叫ばれるようになり、「子どもは二人まで」というスローガンが生まれて、産児制限が広まっていったのです。

萱野　団塊世代が生まれた第一次ベビーブーム（１９４７〜１９４９年）を契機に起きた動きですね。

赤川　それから80年代ぐらいまで、日本は子どもを減らす方向に進んでいったのですね。結果として「少なく生んで豊かに育てる」という考え方も定着しました。実際、現在の少子化対策と違い、少子化〝促進〟対策に日本人は非常に真面目に取り組んだといえます。１９４９年の合計特殊出生率は４・32、出生数は２６９万６０００人を超えて過去最高となりましたが、その40年後の89年には合計特殊出生率は当時過去最低の１・57まで落ち込みました。少子化が社会問題視されるようになったのは、この〝１・57ショック〟からです。しかし、実際に生活が豊かになったことで、すでに日本人のあいだで子どもを産み育てることに対するコスト感は非常に高いものになっており、「生活を豊かなものにするために子どもの数を減らす」という意識は、戦後から現在に至るまでずっと根強く続いているといえるでしょう。

萱野　それが、少子化対策の効果が上がらない要因のひとつになっている、と。

赤川　基本的に日本の少子化対策は、経済学的なコスト計算に近い考え方で決められています。要は女性が子どもを出産しなくなったのは「コストが高くて損をする」からであり、出産をうながすためには逆に「ベネフィットがあって得をする」ようにすればいいと考える。この場合のコストや〝損〟は、たとえば「仕事と出産・育児の両立ができずにキャリアや自己実現を諦めざるをえない」といったことになります。このコストを埋め合わせるベネフィットを与えましょうというのが、日本の少子化対策です。仕事と育児の両立促進を図る〝男女共同参画〟や〝ワークライフバランス〟の実現、待機児童の解消や保育無償化などの〝子育て支援〟といった少子化対策は、そういった発想のもとで作られているわけです。

現実によって否定された少子化対策の効果

萱野　日本の少子化対策は出産・育児のコストをどう減らしていくか、そしてそこにベネフィットをどう与えていくかという発想のもとでなされてきたということですね。ただ、そうした発想にもとづいた少子化対策はすでに30年以上にわたって実施されてきましたが、現実には一向に出生率は上がっていません。これは、その発想そのものに実効性がないということなのでしょうか。

赤川　私はそう考えます。しかし、実際に少子化対策を推進している人々からすると、効果が出ない理由は「ベネフィットが足りないから」ということになります。ですから、出生率の低下が議論されるたびに、子育て支援をさらに手厚くするとか、男性の育児休暇取得率や家事育児参加率を上げるなど、女性にとってのベネフィットをより増やそうという話になる。フランスやスウェーデンと同じレベルの公的支援ができれば、両国と同じように合計特殊出生率も2近くまで上がるはずだという理屈が、そうした議論の背景にあるわけです。しかし、国際比較はそれぞれの国・地域の特殊性を考慮する必要があり、そう単純な話ではありません。

萱野　やはり30年以上にわたって効果が出ていない以上、問題のとらえ方そのものを見直す必要はあるのでしょうね。効果がないまま今の少子化対策を続けていけば、どれだけ公的支出を増やしても、無駄に終わってしまう可能性もありますから。

赤川　もっと冷めた視線で見れば、日本はそもそも少子化対策を本気でやっていないという言い方もできるかもしれません。これは経済評論家の高橋洋一氏も著書『未来年表　人口減少危機論のウソ』（扶桑社新書）などで示唆されていることですが、これまでの少子化対策はポピュリズム的政策であって、出産・育児に不安や不満を抱えている人たちにアピールするためのものにすぎない可能性が高い。

萱野　少子化対策の名を借りた、一種の利益誘導だということですね。私自身は、子育て世帯は次世代の育成を担っているわけですから、政策としてそこへの財政支援を手厚くすることは必要だと考えています。ただ、それが少子化問題の解決につながるかどうかという点は区別して考えなくてはなりません。たとえばこれまでも、少子化問題の解決のためには〝M字カーブ〟を解消しなくてはならない、ということが盛んに主張されてきました。〝M字カーブ〟というのは、女性が結婚や出産をする年齢で離職する傾向が高くなることを示す、女性の就業率のグラフのことで、少し前まで日本ではそれが顕著にあらわれていました。これに対して欧米諸国ではこうした〝M字〟のカーブはみられず、女性の就業率のグラフは台形に近いかたちになっています。つまり、日本では多くの女性が結婚・出産期に「仕事か、結婚・出産か」の選択を迫られており、日本でも仕事と結婚・出産を両立できるようにすれば出生率は上がる、とながらく主張されてきたのです。たしかに女性だけが結婚・出産に際してそうした選択を迫られることはフェアではありませんので、〝M字カーブ〟そのものは解消されなくてはなりません。しかしそれが少子化対策として効果があるのかどうかは、また別の問題として検証されなくてはなりません。実際に日本でも〝M字カーブ〟は解消されつつあります。

赤川　もうM字ではなく、台形に近くなっています。

萱野　にもかかわらず、出生率は上がっていません。少子化問題の解決には〝M字カーブ〟の解消が必要だとあれほど唱えていた専門家や政治家は、この点についてしっかり総括してほしいと思います。

赤川　そういった主張をしてきた学者や政治家の一部には、理論の整合性よりも自身のイデオロギーや政治目標を優先してしまっている人が多く、その点に関しては批判を免れないでしょう。また、真面目に少子化対策に取り組んでいる行政や政策担当者も、実際に少子化にともなって発生しているメカニズムがどのようなものなのか、そこを追究できていないのだと思います。良かれ悪しかれ、現在の日本で実施している少子化対策は、すべて社会福祉の範疇に属する政策になっています。そういった福祉サービスは、受給者にとっての出産・育児に対する〝期待値〟を高めるだけで、出生率の上昇と結びつくものではないのです。

少子化を発生させるのは生活期待水準の上昇

萱野　それはどういうことでしょうか。

赤川　これは戦前日本を代表する社会学者、高田保馬の理論です。一般的に生活水準が上昇することで出生率は高まると考えられてきましたが、高田は生活水準だけではなく〝生活期待水準〟との関係で出生数が決まると考えました。生活期待水準とは、より豊かな生活水準を求める期待や希望を意味します。福祉サービスによって生活水準を高めても、それ以上に生活期待水準が高まると、むしろ出生数は減ってしまうのです。順を追って説明すると、まず18世紀までの世界は〝金持ちの子沢山〟です。これは人間に限らず、動物も含めて普遍的な現象ですよね。

萱野　単純に考えても、たくさん食料があるところでは個体数が増えますからね。

赤川　実際、18世紀頃までは、経済的に豊かな人ほど子どもの数が多いという傾向がありました。しかし、〝マルサスの罠〟という概念で知られているように、人口の増加にともなってひとりあたりの生活水準が徐々に低下し、それが一定のレベルを超えて貧しくなると、再び子どもの数が減っていきます。人間はこのサイクルをつねに繰り返してきたのですが、それが大きく転換したのが、産業革命です。産業革命によって生活水準は大きく向上しましたが、富裕層と貧困層の所得格差も拡大しました。すると、中間層で子どもの数が減ってしまい、相対的に〝貧乏人の子沢山〟という現象があらわれてくるのです。これは現代の日本にも当てはまる現象ですね。一時期〝マイルドヤンキー〟なんて言葉がはやりましたが、地方に住む低所得の若年層は結構、子どもをもうけています。つまり、〝金持ちの子沢山〟と〝貧乏人の子沢山〟というふたつの現象があり、中間層から少子化が始まるというメカニズムが存在しているのです。

萱野　そのメカニズムを説明するのが、生活水準と生活期待水準の関係だということですね。

赤川　そうです。これは社会階層の移動に関わる問題で、高田は中間収入層で少子化が始まる原因が〝力の欲望〟にあるとしました。この欲望は端的に説明すると、自分を他人よりも豊かで高い地位に置いて、それを誇示したいという欲望です。子どもにかかるコストは自分自身の社会的地位の向上の妨げになることがありますし、また子どもの数が少ないほうが良い生活環境や教育を与えることができ、将来的に高い社会的地位に就く可能性が高くなります。そのため、階層上昇を目指す人々は子どもを多く産まないようになるのです。

萱野　「少なく産んで豊かに育てる」という考え方の根底には、まさにそうした〝力の欲望〟がありますね。

赤川　社会でもっとも豊かな富裕層はつねに生活水準が生活期待水準を上回り、子どもが増えても生活水準が下がることがないので子どもの数を減らしません。一方、貧困層は生活水準が低いけれど生活期待水準も同様に低く、それ以上に高まることがないので子どもを減らさないのです。そして、生活期待水準が実際の生活水準よりも高く、社会階層の上昇を望む中間層は、子どもの数を制限するようになります。高田は約１００年前に少子化のメカニズムをこのように説明しましたが、現代にも通用する、非常に説得力のある理論ではないでしょうか。従来の福祉サービス的な日本の少子化対策は、生活水準以上に生活期待水準を高めていくから効果がないのです。

萱野　たしかに、自分の生活水準が下がるぐらいなら結婚も出産もしなくていいと考える人は少なくないですし、子どもを産むなら自分が享受してきた教育のクオリティと同等か、それ以上のものを子どもに与えたいと思う人も少なくありません。それが少子化現象の背景にあることは間違いなさそうですね。

赤川　社会学者の山田昌弘教授がかつて「パラサイト・シングル論」で、日本人女性の未婚化が進んでいる理由を同じように説明しました。裕福な親と同居している独身女性は可処分所得も多くて生活水準が高いので、それが下がるような結婚をしたがらない。高度経済成長期では将来の収入増加の見通しが生活期待水準を上回っていたので、多くの若い世代が結婚して子どもを2人、3人と生み育てることができました。「子どもを作っても将来、豊かな生活ができる」という幻想が成立していた時代だったのですね。しかし、経済成長が停滞する時代に入ると、自分の親と同じくらいの生活水準を維持できる夫候補は少なくなり、未婚化が進んでいく、と。

日本の未婚化は女性の〝上昇婚志向〟が原因か

萱野　日本では少子化が進みつつも、他方で既婚女性の出生率を示す合計結婚出生率はそんなに下がっていませんね。

赤川　ここ30年間大きく変化しておらず、だいたい2前後で推移しています。

萱野　これに対し、日本では非嫡出子の割合が欧米諸国などと比べてかなり低いことからわかるように、日本人は結婚をしないと出産しない傾向がとても強い。つまり、日本では未婚化が進んだことが少子化の原因のひとつだと考えられますね。

赤川　国立社会保障・人口問題研究所の岩澤美帆氏の研究によると、近年の出生率低下の要因は、約90パーセントが初婚年齢の上昇と非婚化割合の増加、約10パーセントが夫婦の出生行動の変化ということでした。つまり、日本の少子化は、結婚した夫婦が子どもを産まなくなったのではなく、結婚をしない人が増えていることによって生じている。さらにいえば、結婚する人が減った理由として、女性が自分よりも学歴や収入、社会的地位の低い男性との結婚に対して非常にネガティブであることが大きいと私は考えています。少子化のベースには女性が自分よりも社会的地位が高い男性と結婚したいという願望がある、と。これをいうとよく怒られるのですが（笑）。もちろん、男性にも自分より社会的地位が高い女性を避ける傾向がありますし、そういう結婚を本人たちが望んでも、家族や周囲の人々が反対することも多い。女性だけの問題ではないともいえますが。

萱野　たしかに周りを見ても、高卒や中卒の男性と結婚している大卒の女性はほとんどいません。知人で大手企業の管理職を務めている独身女性が何人かいますが、彼女たちはみな結婚願望があっても、自分より社会的地位の低い男性についてはまったくその選択肢には入れていません。

赤川　基本的に人は結婚相手に自分と似たような性質の人や同類の人を選ぶ〝ホモフィリー〟という傾向があります。つまり、学歴でいえば大卒の人は大卒、高卒の人は高卒と出会う可能性が高く、実際に結婚をすることが多い。これを家族社会学では〝同類婚〟といいます。女性が自分より社会的地位が高い男性とする結婚は〝女性上昇婚〟、逆に自分より社会的地位が低い男性とする結婚は〝女性下降婚〟です。日本では女性上昇婚志向が高い傾向にあり、女性下降婚の割合はかなり少ない。もし結婚が男女の社会的地位などと関係なくランダムで発生していれば、上昇婚率／同類婚率／下降婚率はそれぞれ約33パーセントになるわけですが、日本の場合は下降婚の割合は約16・2パーセント。下降婚が少ない社会だといえます。

萱野　女性の上昇婚志向が高ければ、それだけで結婚のハードルは上がりますね。とりわけ女性の高学歴化が進み、女性の社会的地位も高まれば、それだけ女性の上昇婚志向に応えられる男性の数は減ってしまいます。そして実際に結婚率が下がれば、少子化もより進行していきます。では、こうした女性の上昇婚志向は人間の本性に根ざすものだと考えられるでしょうか。あるいは女性の社会的地位が男性と比べて低いという社会的な仕組みによって生みだされたものだと考えるべきでしょうか。

根底にある、遺伝子を残すためのエゴイズム

赤川　女性の上昇婚志向と少子化問題の関係については、〝むき出しのエゴイズム〟のようなものが原点にあると考えています。萱野さんは「日経ビジネス」のインタビューで、リベラリズムは社会が豊かで安全になったからこその〝贅沢品〟だとおっしゃっていましたね。そして、集団として生き残るために資源を最適化しようとする功利主義のほうが人類にとって根源的な思想だ、と。私も同意見ですが、女性の上昇婚志向のエゴイズムには、さらに根源的なものがあると思うのです。

萱野　上昇婚志向の根源には、人間が集団として生き残ろうとする衝動よりも深い、まずは自分が生き残ろうとする衝動がある、ということでしょうか。

赤川　自分の遺伝子を残そうとする生物学的なエゴイズムともいえるかもしれません。どれだけ多くの子孫を次世代に残せるか、その適応度を最大化するために最適な戦略を選ぶのは生物として自然な行動です。その観点からすると、女性が自分に豊かな生活を提供し、子どもの生存確率を上げてくれるパートナーを求めることは、ある意味で当然ともいえます。

萱野　その点でいうと、功利主義の起源にも同じエゴイズムがあるといえるかもしれません。功利主義は集団全体の利益がもっとも大きくなる選択を良い選択だと見なしますが、そもそも人間集団の原型は血縁にもとづく親族です。つまり功利主義の根底には、血縁で結びついた遺伝子を少しでも多く残すための最適解を求めようとする人類の志向性がある。そう考えると、上昇婚志向も功利主義も、どちらも結局は遺伝子を残すためのエゴイズムに行き着きますね。

赤川　功利主義の説明でよくもちいられるトロッコ問題を少子化問題に当てはめてみると、残酷な現実に突き当たります。功利主義の考え方では、猛スピードで進むトロッコの進路に分岐があって、1人がいる進路か5人がいる進路のどちらかを選ばなくてはならないとき、5人を助ける選択をすることになります。しかし、日本の少子化問題の根本にあるのは、子どものいる親1人を助けるために、子どものいない5人の他人を犠牲にしてもかまわないという考え方ではないか。これまでの少子化対策は端的にいって、子どもを持たない人たちから子どもを持つ世帯に対する贈与です。もちろん、それは子どもを公共財としてとらえているという理由づけがあるのですが。

萱野　児童手当のような子育て支援を税金でまかなうことに対しては、たしかに強い批判もありますね。税金は子どもがいない人からも等しく徴収するものですから、子どもがいない人たちは子育て支援を受けることなく、税金を払いっぱなしになります。それは子どもがいない人に対する「罰」だ、とまでいう人もいます。

赤川　子どもを持たない人から見れば、少子化対策は子育て世帯のエゴイズムにすぎないという批判や不満はネット上で噴出しています。そして、少子化対策の本質的なところも、やはり遺伝子的なエゴイズムが発動した、ある種の優遇措置ではないか、と。

萱野　興味深いのは、その優遇措置を社会はなぜ受け入れているのか、ということです。ここにあるのもやはり、この社会を存続させていかなくてはならないという功利主義です。日本という社会を存続させていくためには次の世代の育成が不可欠です。子どもを持たない人たちも、たとえば児童手当を通じて次世代の育成への金銭的な負担をすることで、結果的にその世代が将来、年金保険料を納めてくれるなどといった具体的な恩恵を受けることになります。そういった意味では、子育て支援は子育て世帯の個別的なエゴイズムに立脚しながらも、同時に社会を存続させるための功利主義的な全体最適化の戦略にも立脚しています。

男女平等は少子化を防ぐか

萱野　ところで、女性の上昇婚志向についていえば、そもそも女性が上昇婚にあまりこだわらない社会もありますよね。たとえばフランスでは日本に比べて上昇婚は少ないといわれています。

赤川　実は国際的に見るとベネズエラが圧倒的に下降婚の多い社会なんです。48カ国の専門機関が共同実施している「国際社会調査プログラム」によれば、ベネズエラの下降婚率は45・2パーセントにのぼります。先ほど述べたように日本は16・2パーセントです。ベネズエラは下降婚が多く、日本は下降婚が少ない。そしてベネズエラでは出生率も高くなっています。そのほか、下降婚率の高い国は、ポーランド（38・0パーセント）、スウェーデン（37パーセント）、クロアチア（35・4パーセント）、フィンランド（34・8パーセント）などがあります。たしかにフランスも30・6パーセントと高いほうですね。

萱野　下降婚の割合が高い社会が存在するということは、女性の上昇婚志向は人間の本性に根ざすものではなく、それぞれの社会の仕組みや状況などによって変わりうるものだということでしょうか。

赤川　実はこの調査プログラムで調査対象になっているのは、本人と配偶者の学歴だけで、収入や職業については調べきれていないんです。ですから、下降婚率が高い国では結婚において学歴をあまり重視しないだけで、収入や職業の格差を対象に調査をしたら結果が変わる可能性はあります。できることなら、婚姻直前から収入差を調べて、結婚数年後の出生確率のパターンまで、どのような差が出るのか分析できればいいのですが、大規模かつ長期間の調査が必要で、利害関係のない学者が参入するには障壁は高かったですね。少なくとも、これまでは。

萱野　私自身は、女性の上昇婚志向は人間の本性に根ざしているという説明に説得力を感じますが、他方で次のような批判も予想されます。つまり、女性が上昇婚志向になるのは、その社会に男女格差があるからだ、という批判です。女性の社会進出が進んでおらず、女性の収入も男性に比べて低い状況では、女性は富のある男性に頼らざるをえないから上昇婚志向になるのであり、男女格差が解消されたら女性の上昇婚志向も消えていくはずだ――こうした批判についてはどうお考えになりますか。

赤川　日本の少子化問題に関わる行政や政策担当者はまさにそのように考えてきました。

2000年頃から「男女共同参画社会の実現が出生率を高める」という言説はほぼ定説化し、実際に多くの社会政策が実施されてきたわけです。しかし、出生率は一向に上がっていません。もちろん、それはまだ社会の男女平等が十分に達成されていないからだという反論があるでしょう。しかし、それだとスウェーデンやフィンランドなどの北欧諸国、フランスといった日本に比べてはるかに男女平等が進み、下降婚が増えている国でも、現在は出生率が低下傾向にあることが説明できません。また、これは自著『子どもが減って何が悪いか！』（ちくま新書）以降、論文や著書で何度も取り上げてきたことなのですが、調査対象の国の選び方によっては「女性労働率の高い国ほど、出生率が低い」という結論が出ます。男女格差の解消が単純に出生率の向上と相関するとはいえないのです。

萱野　たしかに現状を考えても、男女格差が解消したからといって、上昇婚が減って下降婚が増えるとはあまり思えませんね。

赤川　実際に男性と変わらないぐらいの高収入を得ている女性の多くが下降婚をしているかといえば、そんなことはないですよね。

萱野　もちろんフェアな社会を実現するという点で、男女格差を解消していくことは必要です。ただ、男女格差が解消されたとしても、それが出生率の上昇には寄与しない可能性が高いということですね。

赤川　少なくとも日本においてはそうでしょう。出生率を高めるには先ほどお話しした生活期待水準の壁を破る政策が必要であって、社会福祉的な政策や男女共同参画社会の実現ではないということです。

少子化問題を解決するための秘策はどこにあるのか

萱野　具体的にはどのような政策が考えられますか。

赤川　少子化問題の解決が最優先すべき課題だと社会が納得するのであれば、人工妊娠中絶の禁止・抑制は即効性があるでしょう。これを実施すれば確実に出生率は高まります。あるいは子どもを持たない人々に重税を課すという政策も効果があるはずです。

萱野　実現可能性を考慮しない前提でいえば、年金制度の廃止も有効でしょうね。かつては、結婚して子どもを持ち、家族を作ることは、高齢まで生きるかもしれない自分の生存を支えるための安全保障的な行動でした。しかし、社会保障制度が整備され、ひとりでも生きていける社会になると、結婚はコストとベネフィットで考慮される対象になります。自分の老後を支えてくれる年金制度がなくなれば、子どもを持つことのベネフィットは非常に高くなります。

赤川　社会保障が存在しない原初的な社会に戻るということですね。たしかに老後の生活を子どもに頼らざるをえない状況になれば、少子化問題はあっという間に解決するはずです。また、未婚率が高いことが少子化の根本的な要因であることを考えれば、数年前に『結婚相手は抽選で』（東海テレビ）というドラマがありましたが、対象年齢を定めて相手の属性を問わずに抽選で結婚させるような法を作れば、結果的に出生率は上がるでしょうね。あるいは、戦争のような大変動が起きれば生活期待水準が一気に下がり、これも少子化の解決につながるはずです。ただ、これまでの話を含めてそういう社会を私たちが望むのかといえば、そんなことはないでしょう。

萱野　知人女性のなかには「一夫多妻婚や一妻多夫婚といった重婚を認めてほしい」という人が何人もいます。その理由は、女性が結婚を望むような好条件の男性はその数が圧倒的に少なく、女性のあいだでの競争があまりに激しいから、だそうです。重婚が認められれば、女性間での競争を勝ち抜かなくても高スペックの男性を分かち合えるということですね。彼女たちは、お金と有能な精子さえ提供してくれれば、夫は家に帰ってくる必要さえないといっています。老後に夫の面倒を見る必要もないので、重婚のほうがむしろ気楽だ、と。現代のように一夫一婦制の単婚が制度化される以前は、富や権力を集中させた男が複数の女性とのあいだに多くの子を持つということは珍しくありませんでした。女性にとっては数少ない高スペックの男性を奪い合わなくてすむという点で、こうした重婚が認められる社会のほうが、実はメリットがあるのかもしれません。彼女たちは「単婚は本来なら結婚できなかったような男のための制度ではないか」ともいっていて、それは案外正しいかもしれないと思いましたね。

赤川　多くの女性が取り合うような好条件の男性は何度か結婚を繰り返すことも珍しくありません。最初の妻とのあいだに子どもを作って、離婚して新しい妻とのあいだにまた子どもを作る——そういう遷移的な複数の結婚で多くの子どもを作る男性が結構いるんですよね。

萱野　〝時間差重婚〟ですね。女性の社会進出が進んでいけば、当然、上昇婚の条件に合うような男性の数はどんどん少なくなっていき、女性はさらなる競争激化にさらされることになります。と同時に男性からすれば、結婚するためにクリアしなければならない条件があまりに高くなってしまうため、結婚そのものを重荷と感じる人も増えるでしょう。

赤川　私自身、今の言葉でいう〝陰キャ〟として生きてきたので、そういう男性の気持ちはよくわかります（笑）。周りから結婚しろだの子どもを持てだのいわれ続けて「ほっといてくれ」という気持ちにしかなれない男性は本当に多いと思いますよ。一方で学歴もキャリアも収入も得た女性も激しい競争をしてまで自分は結婚をする必要があるのかという話になってくる。最終的に「やっぱり子どもがほしい」と結婚相談所に行っても、今度は逆にキャリアのある女性は相手を見つけるのが難しい。生物学的には出産を望むのであれば、妊孕力が高い若いうちから婚活、妊活をしたほうがいいのでしょうが、ポリティカル・コレクトネスに反するとして、そういったことも表立ってはいえなくなっています。

〝男〟の存在の軽さと孤独

萱野　ここまでの議論を振り返ると、社会保障制度を整備し、個人の自由な選択を拡大しようとするリベラルな社会になればなるほど、少子化は進むのではないかという気がします。ひとりでも生きていけるような社会制度が整っているなかで、できるだけ自由に生きようとすれば、子どもを持たないという選択肢が出てくるのも当然でしょうね。

赤川　実際には子どもを産み育てることには、多くの楽しみや喜びがあるでしょう。子が親の老後を担うという役割がほとんどなくなった現在、子どもを持つことは嗜好品を買うこととほとんど変わりがないとすらいえるかもしれません。しかし、そのコストや負担などのネガティブな側面ばかりが言説化されているところがあり、子育てから得られる〝効用〟はほとんど語られていない。ネガティブな言説が広がることで「やっぱり子どもはほしくない」という意識を逆に再生産することにもなってしまっています。

萱野　リベラルな社会は思想のうえでは勝利を手にしましたが、少子化による人口減少には勝てないのかもしれません。ところで、その少子化問題を解決するために男性にできることは、女性がなんとか子どもを産んでくれるよう、女性の要望をきいて、それを叶えることです。少子化対策のほとんどは、そうした図式のもとで成立してきました。男性はみずから子どもを産めない以上、自分自身では少子化問題を解決できないということです。それを考えると、社会の存続の根幹をなす生殖という事態において男という存在がいかに〝軽い存在〟なのかを痛感させられます。

赤川　経済学者・橘木俊詔氏も著書『男性という孤独な存在』（ＰＨＰ新書）で動物学的、進化論的基盤に触れながら「人間の社会においても、父親は本来不要な存在である」と論じています。結婚して子がいる夫や父親も精子の運搬という役割を終えたら、男などというものは、あとは死んでいくだけの孤独な存在にすぎないという橘木氏の議論には説得力があります。

萱野　出産という現象の根源にあるのは卵子の排卵であり、その原型は母体の細胞分裂ですからね。オスはそこに精子を通じて遺伝子の多様性を提供しているにすぎません。生物の生殖はメスの細胞分裂でつながっていて、その本流にはオスはいません。

赤川　京都大学総長をされていた霊長類学の泰斗・山極壽一氏は、現生人類が進化の過程で直立二足歩行をするようになった背景に家族の形成があると論じています。オスが自分の子を育てているメスのところに食料を運ぶために直立二足歩行をするようになり、この行動形態が現代まで続く家族の起源になったというのですね。この説を踏まえると、人間の男性は精子の運搬者としての役割だけでなく、家族を養う存在として位置づけられてきたともいえます。

萱野　人類誕生の時代においても現代においても、男の存在の軽さは本質的には変わっていないということですね。

赤川　ただ、それでも家族形成ができた男はどれだけ存在が軽く感じられてもまだ幸せだと個人的には思います。世の中には、結婚して精子の運搬という役割を果たすこともなく、オナニーしながら朽ちていく男性がいっぱいいるわけですから。私はたまたま結婚することができましたが、そうなっていてもぜんぜんおかしくなかった。ですから、私はそんな〝存在の耐えられない軽さ〟である男の立場でものを考え続け、男性の孤独な性に向き合っていきたいと思っているんですよ。

薬を追い求めてきた人類の希望と絶望

佐藤健太郎
［サイエンスライター］

さとう・けんたろう

1970年生まれ。東京工業大学大学院理工学研究科修士課程修了。国内製薬企業の創薬研究、東京大学理学系研究科化学専攻広報担当特任助教などを経て、現在はサイエンスライター。『世界史を変えた薬』(講談社現代新書)、『炭素文明論』『世界史を変えた新素材』(共に新潮選書)など著書多数。科学ジャーナリスト賞、化学コミュニケーション賞受賞。

[初出 「サイゾー」2020年10月・11月号、12月号]

萱野　新型コロナウイルス感染症が拡大するなかで、ワクチンや治療薬の開発が世界的に待ち望まれてきました（※編注　この対談は２０２０年9月19日に収録）。これまでも人類は薬を手にすることでさまざまな病を克服してきたことが、その背景にはあります。この点で、人類という存在は薬と切っても切れない関係にあるといってもいいでしょう。そこでここでは、人類と薬の関係について、サイエンスライターの佐藤健太郎さんにお話をうかがっていきたいと思います。佐藤さんは名著『炭素文明論』（新潮選書）をはじめ、ポピュラーサイエンスの分野でさまざまな内容の著作を出されており、『医薬品クライシス』（新潮新書）、『創薬科学入門』（オーム社）、『世界史を変えた薬』（講談社現代新書）など、医薬についての著作も数多く出されています。佐藤さんは以前、製薬会社に勤めていたそうですね。

佐藤　大学院修了後、医薬品メーカーに入社して13年ほど医薬研究に携わってきました。当時は研究所でフラスコを振って新しい化合物を作り、試験をして効果を確かめて……そんな日々の繰り返しでした。残念ながら研究者として新しい薬を生みだすような大きな成果は上げられませんでしたが。

萱野　まさに創薬の現場にいたということですね。医薬の開発という仕事は私を含めた多くの人にとってあまり馴染みのない世界です。実際の創薬の現場とはどのようなものなのでしょうか。

佐藤　薬の開発には本当に数多くの困難がともないます。医薬品の候補として2万種以上の化合物を合成したとして、そのうち世に出るのは1種あるかないかといわれるほど新薬開発の成功確率は低いのです。さらに、たとえば今日、ある研究者が薬として効果のある化合物の合成に成功したとしましょう。ところが、その薬が臨床試験をクリアして承認を受け、実際に患者の治療に使われるようになるまで、10～15年ぐらいは平気でかかってしまいます。現在、1年間に新薬として承認、発売される医薬品は40～50点程度しかありません。これは海外のメガファーマと呼ばれる巨大製薬企業を含めた全世界数百社の製薬メーカーが、継続的な研究を全力でおこなってきた結果の数字です。こうした創薬の実情を見ると、ひとつの薬を創り出すことの難易度は、オリンピックの金メダルやノーベル賞をとるのに匹敵するとすらいえるかもしれません。

萱野　素朴な疑問として、薬の開発はなぜそこまで難しいのでしょうか。

佐藤　薬は突き詰めていえば、原子がいくつか集まっただけのきわめて微小な分子です。非常に複雑な人体をそんな小さな分子で狙い通りに操るのは、やはり至難の業になります。病気というものはさまざまな原因で体のバランスが崩れた状態で、一般的な医薬とは、その原因となっているたんぱく質に働きかける化合物のことなんですね。そしてその化合物は、人体内に多数ある似たようなたんぱく質を見分け、標的だけに結合するものでなければなりません。また、人体に用意されている各種のバリアを突破できるものであること、各種毒性が十分に低いことなど、厳しい条件をすべてクリアする必要があります。そのテストのためにどうしても膨大な時間と労力、コストがかかってしまう。創薬は人類のあらゆる事業のなかでもっとも難しいものだという人もいるほどです。

ワクチン開発に絡む政治的思惑

萱野　私たちは当たり前のように薬の効果を享受していますが、今のお話を聞いただけでも、その背景には想像もつかないほどの困難と苦労があることがわかります。そうした創薬の現実を踏まえて、現在の新型コロナウイルス治療薬の開発についてはどうご覧になっていますか。

佐藤　まさに異例中の異例というスピードで進んでいます。2020年5月1日に米ギリアド・サイエンシズ社のレムデシビルが、世界初の新型コロナウイルス治療薬としてアメリカで緊急使用許可が出て、日本でも5月4日に承認申請、7日に〝特例承認〟されました。本来は、申請から承認まで1年程度はかかるものですが、緊急な対応が必要かつ、さまざまな条件や義務を満たした場合に、手続きを簡略化して使用を認めるのが〝特例承認〟です。その他の薬についても同様で、レムデシビル以降、日本では抗炎症薬デキサメタゾンがコロナ治療薬として承認されています。ただ、これらの薬はいちから新型コロナウイルスの治療薬として開発されたものではありません。これまでの医薬開発の蓄積から「これはコロナに効くかもしれない」というものを検証して認められた〝間に合わせ〟のものなのですね。いってみれば、新しい競技が突然スタートしたけれど、専門の選手がいないので似たようなほかの競技の選手を連れてきた、という状況です。もちろん、治療薬が出てくることは大きな進歩ではありますが（1）。

萱野　ワクチン開発についてはいかがでしょうか。それこそ国家の威信をかけたような国際的な開発競争が現在進行形で繰り広げられています。

佐藤　ワクチンはパンデミック制圧の切り札となりえますから、各国が全力で研究、開発を急ぐのは当然なのですが、政治的な思惑が先行しているようなケースが多くみられ、そこに危うさを感じます。ワクチンは基本的に健康な人に投与するものであり、通常の医薬よりもさらに厳しい安全基準が求められます。また、その効果も投与後に免疫を獲得して対象の疾病に感染しないことを統計的に調べてから、初めて確認できるものです。時間的に現時点ではそこまでしっかりと安全性と効果を確認することはできないでしょう。それにもかかわらず、ロシアは2020年8月には世界初の新型コロナワクチンを認可したと発表し、中国でも開発中のワクチンをすでに数十万人に投与しているという報道がされています。日本でも〝オール大阪体制〟でワクチン開発をおこなって年内に10~20万人分を製造すると発表がありましたが、これも政治主導で推し進められているように感じますね。当然のことですが、治療薬やワクチンの開発、承認に政治的意図が介入するようなことがあってはいけません（2）。

萱野　アメリカでも2020年9月にトランプ大統領（当時）が「10月中旬にもワクチン供給が開始されるだろう」と発言したのに対し、CDC（米国疾病対策センター）のレッドフィールド所長が、ワクチンの普及は来年の夏頃になるとの見通しをただちに示して、両者の食い違いが議論を呼びました。このときのトランプ大統領の念頭には当然、11月の大統領選挙があったはずです。

（1）その後、コロナウイルス専用に設計されたラゲブリオやパキロビッドなどの治療薬が登場している。
（2）2021年2月以降、ファイザー／ビオンテック、アストラゼネカ、モデルナなど各社のワクチンが国内でも承認され、広く接種された。

佐藤　日本もオリンピックを控えていますし、それぞれの国の事情があるわけですが、政治的な思惑が、科学よりも優先されるような状況は非常に怖いですね。もちろん、それぞれの研究者たちは科学者としての矜持を持ってワクチン開発に尽力していると信じてはいますが。そもそも新型コロナウイルス感染症は自然に治癒することが多く、死亡率も一時より低く抑えられるようになっています。それを考えても、副反応がつきもののワクチンについては高い安全性をしっかり確保し、慎重に接種をおこなうべきです。

萱野　実際、日本では世論調査の結果を見ても、新型コロナウイルスのワクチン接種を積極的に受けたいと考える人はあまり多くないようですね。

佐藤　ワクチンは人間の心理的にも普通の薬と比べて難しいところがあるんです。病気のときに服用する薬は、いってみればマイナスの状態をプラスの方向に向かわせる作用を期待するものですが、ワクチンは健康な〝ゼロ〟の状態で接種して、うまくいっても病気に感染しないだけで表面的にはゼロのままで何も変わりません。しかし、もし副反応が起きて健康に問題が生じたらマイナスになってしまう。人間の心理として、マイナスの状態で服用する薬の副作用などのリスクは受け入れることができても、もともとゼロだったものがマイナスになることはどうしても受け入れがたいものがあるんですね。こうした心理が反ワクチン運動にもつながっているのでしょう。そういう点からもワクチンはハードルが高くなってしまう。ただ、ワクチンが人間の歴史にもたらしてきた恩恵は非常に大きく、今回もこのハードルは越えなくてはならないものだと思います。

薬は人類最古のアイテム

萱野　こうした治療薬やワクチンの開発をめぐる世界的な動きを見ていると、人間がいかに薬というものを頼りにしているのか、いかにその効果に強い期待を寄せているのか、ということをあらためて認識しますね。

佐藤　病気の痛みや苦しみを取りのぞく薬は、歴史的に人間が何よりも欲してきたものだったといっていいでしょう。衛生状態が悪く、ちょっとした病気やケガでも死に至る恐れがあった古代では、人々が薬を求める気持ちは現代よりはるかに強かったはずです。古代バビロニアの粘土板や古代エジプトのパピルスなど、初期文明の記録には例外なく薬の製法や使用法が多数書き残されており、その情報は非常に優先順位が高かったようです。アルプスの氷河から発見された、約5300年前の新石器時代に生きた男性のミイラ、通称〝アイスマン〟の持ち物にも、ある種の干しキノコがあったそうです。彼の腸には寄生虫がいたこともわかっており、おそらく干しキノコを駆虫薬として使っていたのでしょう。

さらに、スペインで出土した約5万年前のネアンデルタール人の歯石からも鎮痛効果のあるサリチル酸を含んだポプラの破片や抗生物質の成分を含む青カビが発見されています。このネアンデルタール人の体からは、下痢などを引き起こす病原菌の痕跡も見つかっており、その治療のためにポプラや青カビを口に含んでいたと推察されています。

萱野　つまり人類と薬の関係は5万年ほど前までさかのぼることができるということですね。そういえば、犬や猫も胃に不調があるときに草を食べて吐き出すことがありますが、あれも体を健康な状態にするために草をある種の薬として活用する行為だといえそうです。

佐藤　人類以外の動物が自然物を薬のように使うケースは数多く観察されていて、たとえば、南米のオマキザルはヤスデという虫が出す成分を虫除けとして使っていることがわかっています。おそらく人類も原人や猿人と呼ばれていた時代から、植物や動物、鉱物といった自然物を何らかの薬として利用していたのでしょう。そう考えると、薬は人類がもっとも古くから使ってきたアイテムといえるかもしれません。

萱野　古代の人類がどのような薬を使っていたのかという点については、ご著書『世界史を変えた薬』で紹介されている〝汚物薬〟が衝撃的です。古代のメソポタミアやエジプトでは、動物の血や糞尿、腐った肉や脂など、今となっては信じがたいものが薬としてもちいられていたそうですね。これらは当然、強烈な臭いがしたり、胸が悪くなったりするような代物ですが、だからこそ〝効く〟と考えられていたのでしょうか。

佐藤　当時は悪魔が体に侵入することで病気になると考えられていて、悪臭を放つ汚物で悪魔を追い払うという発想だったようです。医学の父といわれるヒポクラテスの時代、紀元前5世紀頃には病気は自然現象のひとつとされて汚物薬は徐々に姿を消していくのですが、その伝統は完全に消えたわけではなく、18世紀ロンドンの薬局方にも死刑囚の頭蓋骨が医薬として掲載されていたという記録もあります。

萱野　なぜそうした汚物薬は根強く使用され続けたのでしょうか。

佐藤　人間の感覚は薬が実際に効いているのか、効いていないのか、それを客観的に判定することに向いていないんですね。伝統的に「これが効く」と受け継がれてきたものを飲めば、実際には効いていなくても「効いた」という気になってしまう。そういった人間の感覚は今でも変わっていなくて、堂々と薬局で売られていたり、テレビでCMを流したりしている健康食品やサプリメントのなかには、専門家から見て明らかに「効果がない」ものも数多くあります。また、プラセボ効果によって効くはずのない薬が実際に「効いた」こともあったでしょう。

プラセボ効果はなぜ起こるのか

萱野　プラセボ効果とは、薬としての有効成分がまったく入っていない偽薬でも、それが薬として処方されると、服用した人の症状が改善してしまうという現象のことですね。いったいなぜそのようなことが起こるのでしょうか。プラセボ効果も人体をめぐる不思議な現象のひとつです。

佐藤　プラセボ効果は偽薬を投与された人の思い込みや気のせいなどではなく、多くの疾患でたしかに治療効果があらわれます。これは古くから知られている事実ですが、なぜプラセボ効果が起こるのか、そのメカニズムにはいまだ不明な点が多く、全容は解明されていません。ただ、プラセボ効果を人間の免疫系の〝戦略〟だとする興味深い仮説があります。人間の体は病気にかかるなどして不調が起こると、体内の免疫系が原因となっている病原菌と戦ったり、痛みを抑えたりするよう働き始めます。そのためにさまざまな伝達物質や免疫細胞を作り出す必要があるのですが、このときの免疫系はたとえるなら〝手持ちの戦力が限られた軍隊〟のようなものです。戦闘において〝敵〟が強大なとき、限られた戦力を闇雲に投入するより、援軍が到着するのを待ってから戦いを仕掛けたほうが戦略としては有効でしょう。この仮説では、免疫系はまさに同様の戦略をとっているとされています。つまり、免疫系は薬という援軍が到着してから本格的に動き出すというのですね。そして、それが偽薬であっても免疫系は援軍が来たと判断し、活発化する。その結果、病気の治療効果があらわれる。こうした免疫系の振る舞いは、生物が進化の過程で獲得してきた性質ではないかと考えられています。

萱野　とても興味深い仮説です。人類は現生人類になる以前から、体のなかの苦痛と戦うために、効果があるのかどうか実際にはよくわからないものまで含めてさまざまなものに頼ってきた。それと同じような働きが免疫系そのものにもあるということですね。

佐藤　痛みや苦しみを軽減してくれるものを求めて葉っぱや石にかじりつくようなところから始まった人類と薬の歴史を振り返れば、科学的に有効な薬を見出すことができるようになったのは、本当にごく最近にすぎません。人類は想像を絶するほどの長い年月をかけて、病苦から逃れるための薬を追い求めてきたのです。

何が科学的な薬の探求をもたらしたのか

萱野　薬を追い求めることは、まさに人類の根源的な営みのひとつだということですね。

佐藤　古代から現代まで、人類はつねに薬を追い求めてきました。ただ、それは絶望的な努力の歴史ともいえます。僕はよく人類と薬の歴史を人気マンガ『進撃の巨人』（講談社）にたとえるのですが、人類にとって病気とは、あの作品に登場する〝巨人〟のようなものです。その攻撃に人類はまったく太刀打ちできず、ただ蹂躙されるだけという時代が古代からずっと続きました。やがて、人類は身近な自然物のなかから鎮痛効果があるものなどを少しずつ見つけ出していきます。たとえば、紀元前３０００年頃のメソポタミア地方では、ケシの実からアヘンが作られていたようです。アヘンの主成分は現在も鎮痛剤として使われているモルヒネです。ただ、人類が科学という武器を持って病気という巨人に立ち向かえるようになるには、そこからさらに数千年というレベルの時間が必要でした。

萱野　人類は疾病による苦しみから逃れたいがために否応なく薬の探究へとかき立てられてきましたが、その探究はほとんど暗闇のなかでの手探りのようなものだったということですね。

佐藤　18～19世紀頃から薬学や有機化学が発達して、ようやく動植物から作ってきた薬がどのように人体に作用して、どうして効くのか、そのメカニズムが少しずつわかってきます。そして20世紀後半に入って、病気を治療するには、その病気に関わるたんぱく質を見つけて、その働きを調整する化合物を作ればいいことがわかった。そこからまだ１００年ぐらいしか経っていません。それは人類が薬を追い求めてきた長い歴史から見たら、本当につい最近といっていいぐらいです。『進撃の巨人』でいえば、巨人にも〝うなじ〟という弱点があることがわかり、人類はそこを攻撃するための武器〝立体機動装置〟を開発するようになったというところですね。

萱野　科学的な薬の探究のはじまりにとって、何か転機となった出来事というのはあるのでしょうか。

佐藤　15世紀の大航海時代に流行した壊血病の〝特効薬〟の発見は大きかったと思います。壊血病は船乗りに多発した病気で、発症すると全身が衰弱して鼻や口から出血し、最終的に死に至る病でした。この病気の原因は長期にわたる船上生活でのビタミンC不足ですが、当時はそんなことを知るよしもありません。しかし、ジェームズ・リンドという英国海軍医が、画期的な方法で壊血病の治療法を発見したのです。リンドは壊血病患者を2人ずつ6組に分け、ほかの条件をなるべくそろえて、それぞれに異なる治療薬候補を与えました。その結果、オレンジとレモンを与えた患者は症状が劇的に改善し、「柑橘類が壊血病の特効薬になる」という事実を証明したのです。リンドの手法は今からすると当たり前のように見えるかもしれませんが、こうした諸条件をそろえて比較対象群と実験をおこない、治療に有効なものを見つけ出すやり方は、現代の臨床試験の基本的な考え方と同じです。これは比較実験で薬の有効性が統計的な数字によって示された初めての例になりました。

萱野　科学的な薬の探究の根底には、比較実験と統計学的手法があるということですね。

佐藤　ただ、当然ですが、そこからすぐに科学的、統計的な薬の開発が確立されたわけではありません。ちなみにビタミンCが食品から抽出されて、その効果が実証されたのは1932年のことです。

創薬技術の新しいステージ

萱野　さまざまな技術の発達によって、細菌など疾病の原因が〝見える〟ようになったことも医薬の開発にとって大きかったのではないでしょうか。ちょうど望遠鏡の発達が天文学のさまざまな発見をうながしたように、です。

佐藤　たしかに可視化は重要なポイントだと思います。アレクサンダー・フレミングによるペニシリン発見（1928年）も、細菌を〝見た〟ことが大きな役割を果たしました。当時、ブドウ球菌をシャーレで培養していたフレミングは、偶然そこに入り込んで繁殖したアオカビの周りにだけ菌が生えないことに気づきます。このアオカビから得られる化合物が、20世紀最大の発明とまで評価される抗菌物質ペニシリンになったのです。フレミングは細菌が生えないという現象を自分の目で見て、「ここに細菌を殺す物質がある」と確信を持ったでしょう。実は薬の開発をしていて一番辛いことのひとつは「確信が持てないこと」なんです。正解がないかもしれない問題を解こうとしているようなものですから。しかし、フレミングには正解が文字通り、一目瞭然だった。これは大きかったと思います。結果としてペニシリンは数百万という単位の人命を救い、この薬の登場をきっかけに多くの抗生物質が普及していきます。それは人類の平均寿命の向上にも貢献しました。世界に変革をもたらした薬といっていいでしょう。

萱野　病気の原因である細菌が可視化されるようになったことで人々の意識も大きく変わったでしょうね。人類はながらく病気を悪霊のせいにしたり、神の罰だと考えたりしてきました。しかし、その原因が科学の発達によって人間の目に見えるものになれば、人々の世界観そのものが大きく変容せざるをえません。人間の世界観の根底にはそれに応じた因果関係の図式があります。病気の原因が可視化されていったことで、まさにその因果関係の図式が塗り替えられていきました。

佐藤　細菌学の発達以前、ハンガリー人の医師ゼメルヴァイスは手指消毒によって、細菌感染症による産褥熱の死亡率が大きく下がることを発見したのですが、当時この病気は〝瘴気〟によって起こるとされていました。そのため、ゼメルヴァイスの画期的な発見は医学界では広く受け入れられず、彼は失意の晩年を過ごすことになります。これは細菌がまだ可視化されていなかったことによる悲劇でしょう。

萱野　薬の開発は、それまで見えなかったものが見えるようになることで発展してきたといえるかもしれませんね。

佐藤　そういう側面はあると思います。ちなみに古代中国の伝説上の皇帝で、医薬の祖とされている神農は、体が透明で、内臓が透けて見えていたといいます。そして、さまざまな薬草が内臓にどのように作用するのか、体の外から見て判断していた。これは人体の内部で起きていることを可視化して研究するという意味で、まさに現代の分子生物学がやっていることなんですね。たとえば、２００８年にノーベル化学賞を受賞した下村脩先生の発見した〝ＧＦＰ（緑色蛍光タンパク質）〟は、細胞内の特定のたんぱく質を光らせて観察することを可能にしました。最近では、生体の組織を薬品によって文字通り透明化する技術も登場しています。これらの発展は、薬の開発にも大きな進歩をもたらしています。

萱野　最先端の薬の開発には、まさに最先端の〝見る〟技術があるということですね。

佐藤　現在はこうしたバイオテクノロジーを駆使するバイオ医薬が大きな注目を集め、さまざまな新薬が登場しています。たとえば、新型コロナウイルスの治療薬としても研究・開発が進んでいる抗体医薬です。抗体とは体内に侵入した細菌やウイルスの働きを抑えるたんぱく質のことで、人間の免疫作用の一端を担っています。この抗体を遺伝子工学的手法で人工的に作り出して、治療にもちいるのです。森喜朗元首相の命を救ったとされる〝オプジーボ〟も抗体医薬のひとつです。これはノーベル医学生理学賞を受賞した本庶佑京都大特別教授の研究から生まれた肺がん治療薬で、これまでは手の打ちようがなかったがんにも高い治療効果が認められています。ここにきて薬は、微小な低分子化合物から、巨大分子であるたんぱく質の製剤化へと進化したといえるでしょう。『進撃の巨人』でいえば、これは人類がようやく巨人を操る力を手にした段階です。そして、より巨大な〝細胞〟を治療薬に使う薬も登場しています。たとえば、がん患者本人から採取した免疫細胞に、がん細胞を攻撃するような遺伝子操作を施してから体内に戻して、がんを治療するような手法が登場しています。これはもはや薬と呼んでいいのかと思いますが、こうした薬の枠組みを変えるような手法を製薬会社が開発し、新薬として使われる時代になってきました。これらバイオ医薬は非常に高価で、1回の投与で数千万円単位の費用がかかるものもありますが、従来の小分子医薬に比べて高度な治療が可能であるため、さらなる展開が期待されています。

萱野　医薬の開発において、人類はまだまだ新しいステージに立つことができるということでしょうか。それによって治療できる病気が増えるのなら、それは人類にとって希望になりますね。

佐藤　2020年のノーベル化学賞は〝クリスパー・キャス9〟というゲノム編集技術を開発したふたりの研究者が受賞しましたが、この技術を細胞治療に応用すると、難治性だった遺伝病の治療や、病気の発症自体を抑えてしまうこともできるようになるかもしれません。しかし、たとえば病気の原因となるたんぱく質をゲノム編集技術で除去してしまうことで、未知の障害が生じる懸念もあります。そこまでは現段階の科学知識では読みきれないし、そうした問題が当人だけでなく子々孫々まで遺伝的に受け継がれていく可能性もあります。病気の治療という側面では期待もありますが、恐ろしさも同時に感じますね。いずれにせよ、海外のメガファーマは、バイオ医薬などの新しいステージの薬の開発に力を入れる方向にシフトしています。このまま創薬の進化が続いていけば、今の小分子医薬など「昔の人たちはなんて原始的で非効率的なことをしていたんだ」といわれてしまう未来がくるかもしれません。もちろん小分子医薬の創薬研究は今も続いていますし、小分子医薬にしかできないこともたくさんあるのですが。

人類はウイルスを駆逐できるか

萱野　薬の開発が進化を遂げていく一方で、今回のように未知のウイルスが登場して、新たな感染症が拡大することもあります。こうしたウイルスによる感染症に対してどのように薬を開発していくかという問題は、より高度な医薬を開発するということとは違った意味で、人類にとっての大きな課題ですね。

佐藤 おっしゃる通り、ウイルスは非常にやっかいな相手です。ウイルスはとてもシンプルな構造をしていながら、その形状やサイズは多種多様です。そのため抗ウイルス剤はそれぞれ個別のウイルスを対象にせざるをえず、汎用的な薬の開発が難しい。さらに、ウイルスは変異が発生しやすく、せっかく有効な抗ウイルス剤を開発しても、すぐに耐性を獲得した変異ウイルスが出てくる。実際、すでにタミフルが効かないインフルエンザウイルスも登場しています。このように抗ウイルス剤の開発にはいくつもの難関があり、ウイルスは〝人類最後の敵〟とまで呼ばれているほどです。

萱野 今後どれほど創薬技術が進化しても、ウイルスの性質上、あらゆるウイルスに効くような薬を開発することは難しいでしょうね。

佐藤 今のところ、道筋は見えていません。人間がウイルスの脅威から完全に逃れることは、将来的にも難しいと思います。それぞれのウイルスに対する新薬の開発はもちろん必要ですが、公衆衛生や環境の整備、世界的な監視システムの構築など、さまざまなアプローチを組み合わせた総合的なプロジェクトで対応していくしかないでしょう。今回のコロナ禍では、世界中がウイルスの脅威をあらためて実感したかと思います。大国同士の戦争やテロによる人命や経済面の損害と比較してさえ、パンデミックのほうが大きな脅威となりうることが、今回明らかになったのではないでしょうか。その対策に要するリソースは、軍事費に比べれば微々たるものですから、せめて一部を抗ウイルス戦に向けてほしいと思いますね。ただ、人間は喉元すぎれば熱さを忘れるというところがあって、人類史上最大の災厄ともいえるスペインかぜの教訓もほとんど忘れられてしまっているような気がします。たとえば、2003年にSARSが流行した際、ワクチンの開発研究が進んでいたのに、感染拡大が終息したために中止されたそうです。もし完成していれば、今回の新型コロナウイルスのワクチン開発にも必ずプラスになったはずなのですが。やはり人間の存在を脅かすウイルスの怖さとはつねに向き合っていかなくてはならないと思いますし、その対策は今後も大きな課題であり続けるでしょう。

萱野　戦争よりも感染症が歴史を動かしたのではないかと思われる事例は少なくありませんね。たとえばスペインかぜは第一次世界大戦に動員された兵士たちを通じてパンデミックを引き起こし、第一次世界大戦における戦死者よりも多くの犠牲者を出しました。さらに歴史をさかのぼれば、新大陸の「発見」によってヨーロッパ人がアメリカ大陸の先住民を征服したときも、感染症が猛威をふるいました。ヨーロッパから持ち込まれた天然痘に対して先住民はまったく耐性を持たなかったため、先住民側に多数の死者が出て、ヨーロッパ人たちはほとんど戦わずしてアメリカ大陸を征服できたといわれています。この点でいえば、たしかに人類にとって恐ろしいのは戦争よりも感染症かもしれません。だからこそよけいに、多くの感染症を克服してきた人類の営為はもっと評価されるべきだと思いますね。

佐藤　まさしくその通りだと思います。

薬は人類と世界を動かす原動力

萱野　歴史を見ると、薬を追い求める人類の行動が世界を大きく動かしてきたことがわかります。たとえば、佐藤さんのご著書『炭素文明論』にも書かれているように、中世のヨーロッパやアラブでは希少な砂糖が〝万能薬〟とされていました。たしかに、栄養状態が悪かった時代には、甘味が強く血糖値を急激に上げてくれる砂糖は、身体的にも精神的にも強い刺激を人間に与えたでしょう。そして16世紀半ばになると、アフリカ大陸から連れてきた奴隷をアメリカ大陸で砂糖生産に従事させ、その砂糖をヨーロッパに輸出するという三角貿易が起こります。砂糖はグローバルな経済活動を動かすモーターになり、奴隷という人類史の悲劇のひとつを生みだすことにもなりました。

佐藤　香辛料も殺菌力を持っているため、かつては薬としてもちいられることがあり、中世ではペスト対策にも使われていました。当時の人々にとって香辛料は霊薬のようなものだったのでしょう。もともとヨーロッパ人は香辛料に強烈な嗜好を持っていて、その執着は大航海時代の幕開けにつながり、多くの争いの原因にもなっています。

萱野　人類は病苦から逃れることに並々ならぬ情熱を注いできました。その点で、薬は人類社会を突き動かすもっとも大きな因子のひとつだとさえいえますね。

佐藤　薬はその大部分を〝情報〟が占めています。パピルスに秘薬の製法を記した古代から、現代の最先端技術を駆使し、厳密な臨床試験を経た創薬まで、人類は安全で効果のある薬の情報を得るために莫大な金と知識、労力を投入してきました。薬価は実質的に情報料ともいえます。このような物はほかにないのではないでしょうか。病の脅威がないときには、その重要性が忘れられがちですが、薬は人類がもっとも求めるものであり、ありとあらゆる富とエネルギーをつぎ込んできた、きわめて特殊な製品なのです。

なぜ人々は結婚しなくなったのか――非婚化社会の人間学

荒川和久
［独身研究家］

あらかわ・かずひさ

早稲田大学法学部卒業。ソロ社会論および独身生活者研究の第一人者としてさまざまなメディアに多数出演。著書に『「居場所がない」人たち』（小学館新書）、『知らないとヤバい ソロ社会マーケティングの本質』（ぱる出版）、『「一人で生きる」が当たり前になる社会』（中野信子との共著／ディスカヴァー携書）、『結婚滅亡』（あさ出版）、『ソロエコノミーの襲来』（ワニブックスＰＬＵＳ新書）、『超ソロ社会』（ＰＨＰ新書）、『結婚しない男たち』（ディスカヴァー携書）などがある。

［初出 「サイゾー」２０２１年１月・２月号、３月号］

萱野　荒川さんは〝ソロ社会化〟という独自の観点から現代の日本社会を鋭く分析されています。その分析はとても興味深く、私も多くの論考を拝読しております。今後の日本社会では独身者や単身者の割合がさらに上昇していく、というのが荒川さんの基本的な見立てですね。

荒川　ソロ社会化の流れは確実で不可避なものでしょう。世帯類型別の構成比でいうと、ひとり暮らしの単身世帯は、２０１０年国勢調査の段階でかつて〝標準〟といわれた「夫婦と子」の世帯を上回りました。さらに、国立社会保障・人口問題研究所（社人研）の推計では、２０４０年に単身世帯は約４割となる一方、夫婦と子の世帯は23パーセントにまで落ち込むとされています。同時に、15歳以上の独身人口は47パーセントになります。

萱野　団塊ジュニアの世代（１９７０年代前半に生まれた世代）が高齢者になる頃には、日本の全人口のおよそ半分が独身になっているんですね。

荒川　日本は、超高齢国家といわれていますが、高齢人口より独身人口のほうが多い国になります。まさに、世界に先駆けて「超ソロ社会」に突入します。

男性の3割・女性の2割が生涯未婚に

萱野　衝撃的な数字ですね。ソロ社会化をめぐる荒川さんの問題提起は今後さらに多くの関心を集めていくと思いますが、そもそも荒川さんはどのような経緯からこの問題に着目するようになったのでしょうか。

荒川　まず2010年の国勢調査の結果があります。このとき、男性の生涯未婚率が初めて20パーセントを超えたんですね。男性の5人にひとりが生涯未婚という事実はやはりインパクトが強く、僕も関心を持つようになりました。独身男性の生活に注目して、独自に研究を始めたのは2013年からです。当初はマーケティング的な観点からの研究でした。というのも、当時のマーケティング領域では独身男性は顧客としてまったく相手にされない存在だったからです。昭和の時代からマーケティングのターゲットはつねに〝主婦〟であり〝家族〟。基本的に消費は女性が作るものとされていて、平成になって女子高生や女子大生の消費動向が注目されるようになっても、独身男性は「結婚もできないのは金がないから。だからターゲットにならない」という一種の偏見が主流だったんですね。

萱野　世間的にも中年を過ぎた独身男性に対しては風当たりが強いですしね。

荒川　ところが実際に独身男性の消費動向を調査してみると、消費しないなんてとんでもなくて、むしろ、コンビニや外食産業を支えてきたのは彼らだったことがわかりました。僕の最初の著作『結婚しない男たち』（ディスカヴァー携書）は、そうした独身男性を〝ソロ男（そろだん）〟と命名して、マーケティング的な視点から彼らのユニークな生き方や消費ターゲットとしての可能性を見たものでした。さらに結婚しない男性の特性についてクラスター分けをしていく過程で独身女性についても調べてみると、実は女性でもみずから〝ソロ〟という生き方を選択している人が数多くいて、ソロ男と同じような特性を持っていることがわかったんです。

荻野　実際に女性の生涯未婚率もどんどん上がっていますね。

荒川　２０４０年には男性の３割、女性の２割が生涯未婚になると推定されています。ちなみに生涯未婚率については２０１９年から公的には〝50歳時未婚率〟と用語が変わりました。生涯未婚の人が増えているという話になると、なぜか「若い人たちが結婚をしなくなった」とイメージする人が多いのですが、もともと生涯未婚率も50歳時点の平均未婚率を示すもので、いわば、「おじさんとおばさんの未婚化」なんです。

荻野　ソロ社会化の内実として、独身人口の増加や生涯未婚率の上昇があるということですね。では、なぜこうしたソロ社会化は今後も進行し続けていくのでしょうか。これはやはり「結婚をしない」という選択をする人が増えていくということなのでしょうか。

荒川　よく、若者の草食化とか恋愛離れとかいわれますが、まったくそれは当てはまりません。未婚化は、個人の結婚意思の有無の問題より社会的な変化によるところが大きいと思います。未婚化や少子化の話題になるとよく持ち出されるのが「独身男女の約9割が結婚したいと考えている」という社人研の「出生動向基本調査」の調査結果です。この結果から「多くの人が意思に反して結婚できないのは問題だ」という話になるわけですが、実際に設問の選択肢を見ると「いずれ結婚するつもり」か「一生結婚するつもりはない」という二択設問になっているんです。それで前者を選んだのが〝約9割〟なんですね。これをもって「9割が結婚したい」と断ずるのは疑問です。調査では続いて「1年以内に結婚したい」「理想の相手ならしてもよい」「まだ結婚するつもりはない」と、より詳細を回答するようになっていて、それを踏まえて全体構成比を再計算すると結婚に前向きな人は男性で約4割、女性でも約5割という結果になります。9割も結婚したいというわけではないんです。しかも、この割合はここ30年ずっと変わっていません。

未婚率の上昇をもたらした社会的結婚システムの破綻

萱野　結婚に前向きな人の割合は30年間変わっていないにもかかわらず、ここにきて未婚化が進んでいるということは、かつては強かった「人はみな結婚するのが当たり前」という社会規範が弱くなっているということでしょうか。

荒川 システムの変化だと思います。僕は〝社会的結婚システム〟と呼んでいますが、かつては親族や地域、職場といった共同体が多くの結婚をお膳立てしていたんですね。その結果、1980年代まで日本は〝皆婚社会〟でした。しかし、1965年すぎにお見合い結婚比率が全体の過半数を割ります。その後、お見合いはどんどん減っていくのですが、それを代替するように職場結婚が増加します。分類としては職場結婚は恋愛結婚とされますが、当時は実質的に職場でのお見合いといえるような側面もありました。

萱野 今では考えられないような慣習が当時はありましたね。たとえば商社や銀行などでは一般職採用の新卒女性は男性社員のアシスタント業務をする〝嫁候補〟扱いでした。女性のほうにも職場結婚をして〝寿退社〟をするのが望ましいという考えがありました。

荒川 〝腰かけOL〟なんて言葉が堂々と使われていて、多くの企業で社員の男女が結婚することが推奨されていましたね。しかし、近年は職場結婚もどんどん減少しています。社会的結婚システムが成り立たなくなってしまったんですね。それで、あらためて人口動態調査などを調べていておもしろいことに気がついたんです。日本でもっとも婚姻数が多かったのは1972年の約110万組なのですが、2015年は約64万組に激減しています。その差、46万組ですが、その期間のお見合い結婚と職場結婚の合計のマイナス分がぴったり46万組です。日本の婚姻数の減少は、お見合い結婚と職場結婚の減少なのであるといえるわけです。

萱野　つまり、婚姻数の減少は、結婚をお膳立てする社会的なシステムが機能しなくなったことによるマイナス分と一致していて、自力で相手を見つけて恋愛結婚をする人の数は変化していないと。

荒川　そうです。よく若者の草食化とか男性の収入減が婚姻数減少の原因といわれますが、実際に調べてみると若者の恋愛経験が昔と比べて減っているわけではなく、既婚男性のメインボリューム層である25~34歳の年収は300万円台だし、年収300万円未満でも未婚者と既婚者の数はそれほど変わりません。もちろん、経済的な要因も婚姻数の減少に影響しているところもあるでしょうが、それだけが原因とはいえないのです。

恋愛強者と恋愛弱者の割合は変化していない

萱野　自力で相手を見つけて結婚する人の割合はどのぐらいでしょうか。

荒川　いわゆる恋愛スキルが高い人ですね。これを出生動向基本調査の「恋人・婚約者のいる率」で調べてみると男女ともに約3割程度で、この割合も30年以上ほとんど変わっていないことがわかりました。これを僕は〝恋愛強者3割の法則〟と呼んでいます。「結婚している人はみんな恋愛強者ではないのか」という反論もあったのですが、1000組の夫婦を対象にして過去の恋愛経験などを調べたところ、既婚男女でもやはり恋愛強者といえる人の割合は3割になったんです。実は恋愛スキルが低い〝恋愛弱者〟も約3割で、残りが中間層とおおよそ3分の1ずつに分かれているんです。

萱野　生涯未婚率が高まっているからといって、恋愛強者や恋愛弱者の割合が変化しているわけではないんですね。他方で、結婚をお膳立てする社会的な仕組みがなくなったせいで、恋愛弱者の結婚は難しくなったといえるでしょうか。

荒川　恋愛弱者でも結婚する人は多くいますし、先ほどもいったようにそもそも結婚願望がない人も一定の割合でいます。それでも、やはり社会的結婚システムがないと恋愛弱者が生涯未婚になる可能性は高いでしょう。結婚したいのに結婚できない恋愛弱者には男女ともに同じ傾向があって、自分のことを客観視できていないことが多いんですよ。先日、テレビの情報番組で婚活女子の「普通の男」像にあった「年収500万円以上」という条件が炎上したことが象徴的です。未婚男性で500万円以上の年収があるのは上位20パーセントなんですね。その〝普通〟を望む未婚女性は、はたして自分がその相手とマッチングできる上位20パーセントに入っているのか、という視点が必要です。同じことが未婚男性にもいえます。40歳を過ぎているのに20代の若い女性がいいとかいっても無理です。このように現実を受け入れずに高望みをする恋愛弱者はやっぱり結婚できない。

萱野　皆婚社会にはそういった人たちを救済する社会的機能もあったでしょうね。

荒川　結婚規範が強かったので、高望みをするような人であっても、たとえば仲人さんから「いずれ結婚はしなくてはいけないのだから、このあたりで納得してくださいよ」みたいに諭されて結婚していったんですよね。

皆婚社会の真実——江戸と東京の類似性

萱野　そもそも日本はいつから皆婚社会になったといえるのでしょうか。

荒川　これは1898年に公布された明治民法がきっかけになっていると思います。江戸時代の庶民の結婚はかなり自由で、「銘々稼ぎ」という共働きが当たり前の経済共同体といえるような関係でした。だからこそ、当時は離婚も世界トップクラスに多かったんです。それが明治民法によって庶民の結婚も武家のような〝家制度〟〝家父長制〟に組み込まれることになります。これはいってみれば、妻から経済的自立を奪うようなもので、女性は結婚して家に入るしか基本的に生きていく道がなくなり、離婚もできなくなったんですね。ここから夫は仕事をして家族を扶養し、妻は家事と育児を担うことが夫婦の規範として確立していきます。お見合いはいわば家族という共同体作りのための社会システムとして機能していきます。皆婚社会はそうしてできあがったと考えます。

萱野　皆婚社会ではなくなり、離婚率も高くなっている現代では、結婚のあり方はむしろ江戸時代のそれに近づいているのかもしれませんね。当時、江戸には農村から流れてきた次男、三男も多かったといわれています。彼らは結婚できず、仕事もなくて、餓死などの悲惨な最期を遂げることも多かったようですが、一方で自由なシングルライフを送っていて、江戸という大都市における文化や産業の担い手にもなったそうですね。

荒川　その通りです。現在の東京人口一極集中は、地方から働き場を求めて若者が上京するわけですが、それと同じ現象が江戸にも起きて、地方から次男坊・三男坊が押し寄せました。そのため、江戸は男余りになってしまうんです。結果、独身男の食生活需要によって江戸は外食産業が大いに栄えます。寿司・蕎麦・天ぷら・居酒屋など今日の日本の食文化は江戸の独身男たちが生みだしたといってもいいでしょう。現代のソロ社会は江戸と非常に類似点が多いんですよね。ある意味、自由があれば、未婚化が進むというか、結婚する必要性を感じなくなるというのが実は本質なのかもしれません。

萱野　逆にいえば、皆婚社会では個人の自由をある程度犠牲にしてでも、各人を家制度のなかに位置づけることが社会の存続と発展における最適解となっていたということでしょうね。

荒川　日本の皆婚状態は、大正、昭和と約１００年ほど続きました。僕はこの１００年がむしろ日本にとって例外的な特殊期間だったのではないかと思います。今の未婚率や離婚率の上昇はその揺り戻しみたいなものではないかと。

萱野　近代の工業化による生産力の向上も皆婚を後押ししたといえるかもしれませんね。生産力の向上は父親ひとりの稼ぎで家族全員を養うことを可能にしました。それは「男は結婚して家族を養って一人前」といった規範の強化につながったでしょう。と同時に、その規範の強化によって、いわゆる適齢期を過ぎても結婚をしない人には社会的に厳しい目が向けられるようにもなっていきました。

荒川　未婚者への社会的な圧力は今でも根強く残っています。企業によってはいまだに結婚していないと管理職に昇進できないというケースもあるぐらいです。

萱野　近年「インセル」と呼ばれる、過激化した非モテ独身男性による事件が世間を騒がすようになりました。皆婚社会には一方で、男性が独身であることによって蓄積しかねないそうした負のエネルギーを緩和する効果もあったかもしれませんね。

荒川　実際、幸福度の調査を見ると、全世界的に未婚者より既婚者のほうが高くなっています。その要因は突き詰めると「社会的帰属欲求の満足感」があります。それがあると「俺は役に立っている」という自己の社会的な役割の確認につながり、自己肯定感を生む。幸福度と自己肯定感には強い正の相関がありますから。そう考えると、結婚規範が強い社会では、結婚は幸福の源泉ともいえるんですね。

萱野　皆婚社会はたしかに特殊で不自由なものだったかもしれませんが、それを成り立たせていたのは自分の役割や帰属を確たるものにしたいという人間の根源的な欲求でもありました。これは男性にとってだけでなく、女性にとっても同じだったでしょう。もちろんそれは裏の側面として、女性の社会進出を妨げる社会規範にもなってしまいましたが。

荒川　興味深いのは、〝結婚をしない理由〟として「行動や生き方が自由」を挙げるのは、なんとなく男性のほうが多いというイメージを抱きがちですが、実は逆で、男性よりも女性のほうが多くなっています。皆婚社会の終焉は、女性にとっても「結婚による安心」から「経済的自立と自由」へのトレードオフが働いたという側面もあったかもしれません。

ポスト皆婚社会の姿

萱野　ここまで、日本社会が皆婚社会からソロ社会へと変化しつつある流れについてお話をうかがいました。その流れを推し進めた大きな要因には、お見合いや職場婚という、相手をお膳立てする〝社会的結婚システム〟がなくなったことがあります。これによって人々は「結婚は当然するべきだ」という規範やプレッシャーから解放されるとともに、恋愛と結婚をめぐる自由競争に投げ込まれるようにもなりました。この自由競争社会はたしかに皆婚社会より自由な社会ではありますが、同時に恋愛や結婚を求める人にとっては、ある意味で過酷な社会でもあるでしょう。

荒川　自由恋愛市場であれば恋愛格差はどうしても生じます。先ほど、恋愛スキルの高い〝恋愛強者〟はつねに約3割しかいないという話をしましたが、そうした恋愛強者の〝時間差一夫多妻制〟ともいうべき現象も起きているんです。近年は離婚率も上昇する傾向にありますが、離婚した男性恋愛強者が初婚女性と再婚するパターンが非常に多くみられます。ひとりの恋愛強者が複数の初婚女性と時間差で結婚をする一方で、恋愛弱者の未婚男性が生涯未婚になりやすくなるわけです。ネットではこうした状況を嘆いて「非モテ男性には国が女性をあてがえ」なんて暴論も出てきました。

萱野　人工知能を活用して相性の良い相手をマッチングする〝ＡＩ婚活〟を政府が支援するという報道も、最近では話題になりましたね。これに対してネットでは「あなたには該当する相手がいません」なんて結果が出たらどうするんだと自虐する人も少なくありませんでした。

荒川　ＡＩ婚活については、若い世代の男女が好意的な反応をしていることが意外でした。

萱野　現在の自由恋愛市場において自力で相手を見つけるためには、やはり時間と労力がかかりますからね。いい相手にめぐり合うためには自分を磨く必要もあるし、そもそもうまくいかなかったときのことを考えると精神的な負担も大きい。相手を傷つけたり自分が傷ついたりすることにとても慎重な若い人たちは、そうした精神的な負担をＡＩが軽減してくれると期待しているのかもしれません。

荒川　たしかに恋愛強者は「ＡＩが適当にやってくれるならいいか」と受け身にならずに、能動的に選択をして、行動ができる人たちなんですよ。逆に恋愛弱者は、自分から何かを選択することすら面倒くさがってしまい、つねに受け身でみずから行動を起こせないんです。

萱野　そういった恋愛弱者的な傾向を持つ人たちは、やはり自由恋愛市場ではなかなか恋愛や結婚ができず、恋愛強者との格差はどんどん広がっていくことになりますね。

荒川　ただ、結婚をしないから不幸で孤独なのかといえば、決してそんなことはありません。結婚しない人が増えていくのはもはや自然な流れですし、もともと結婚意思がなくて能動的にソロとして生きることを選択している人も多い。そういう人は「自分はぜんぜんモテないから」なんて自虐っぽいことをいいながらも、ちゃんと幸せに生きている。それはそれで「結婚をして子どもを生み育てることだけが幸せではない」という発見なわけですし、肯定されるべき生き方だと思うんですよ。

萱野　その点は端的に生き方や価値観の多様性を尊重する必要がありますよね。さらに現代では社会保障制度も整ってきたことで、かつてのように家族に頼らなくても生きていけるようになりましたし、生活環境的にもソロで不都合を感じることはほとんどなくなってきました。

荒川　消費市場が変わってきています。皆婚の時代が終わって標準世帯が減少していく一方で、単身世帯が全体の約4割を占めるほど増加しました。そうした世帯類型の変化に応じて、消費行動の中心が高度経済成長期の〝主婦〟からソロになっていき、市場が大きく変化したんです。もっとも顕著な例がコンビニで、現在では商品のほとんどすべてが個食対応になっていて、ひとり用のクリスマスケーキやおせち料理もあるぐらいです。世帯類型別推移とコンビニ売上推移を調べてみると、単身世帯の増加とコンビニ売上高の上昇はほぼ正の相関になっているんですね。コンビニだけではなく、ひとりで気兼ねなく入ることができる外食チェーンも増えましたし、その他の多くの市場もソロをターゲットにするようになっています。消費市場が変わるということは、社会のあり方が変わるということですから、これは社会構造の大変化といってもいいと思います。

萱野　まさに現在はソロ化によって日本社会そのものが変容しているただなかにあるんですね。

荒川　２０１９年にイギリス公共放送ＢＢＣからそういった日本人のソロ文化について取材を受けたんです。彼らがとくに興味を持ったのは〝ソロ飯〟、つまり日本人の多くがひとりで外食を楽しんでいることでした。

萱野　イギリスは政府のなかに〝孤独担当大臣〟というポストを新設して、〝孤独〟を解決すべき重要な社会的課題だと位置づけています。そんなイギリスの人たちにとって日本のソロ文化はどのように映ったのでしょうか。

荒川　取材を受けたときは孤独な食事を批判的に取り上げるのかと思っていたのですが、実際には“The rise of Japan's 'super solo' culture”というタイトルで、好意的な内容になっていました。取材のときにはラーメン店の「一蘭」の話にもなったんです。一蘭ではひとりずつ仕切られた「味集中カウンター」がありますよね。あのカウンターで店員とも顔を合わせることなく、客全員が無言でひとりでラーメンを食べている姿を見て、「これはもう〝ラーメン道〟とでもいうべきものではないか」と。要するに茶道と同じような日本独自の文化のひとつになっているというわけです。そして、食後にＩｎｓｔａｇｒａｍなどのＳＮＳに投稿してユーザー同士で「いいね！」を押したり、コメントをつけたりして交流していることを含めて「ひとりで食事をしていても孤独ではない」と。放映後はイギリス人から「日本人のようにひとりで食事を楽しみたい」という反響も多かったそうです。

萱野　日本のソロ飯文化に未来が先取りされた姿を見出したのかもしれませんね。コロナ禍のもと、大人数での会食が感染の危険性を高めるという指摘もされていますから、今後ソロ飯文化が世界的にも注目されるなんてこともあるかもしれませんね。

所属するコミュニティから接続するコミュニティへ

荒川　ソロ社会化の進行によって、人間同士の付き合い方、コミュニティのあり様が変わっていくと僕は考えています。かつての皆婚社会を作ってきた家族、地域、職場は、いわば〝所属するコミュニティ〟です。これらのコミュニティは人々の居場所として、〝安心〟を提供するものでした。しかし、すでにそういった集団に帰属することで安心感を得られるコミュニティはどんどん機能しなくなっています。そこで、これからは所属ではなく、〝接続するコミュニティ〟へと移行していくのではないか、と。これは状況や必要に応じて、個人と個人がさまざまなかたちで柔軟につながることで形成されるコミュニティです。趣味のコミュニティなら、その趣味を楽しむときだけつながる人々がいて、その他の場面ではまた違う人々と接続し合う。その接続はリアルでもネットでもかまいません。ソロ化が進行していくなかで、誰もがそうした接続するコミュニティを作っていくことの重要性は高まっていくはずです。

萱野　その変化は雇用形態についてもいえるかもしれません。これまでの日本では、終身雇用や年功序列を前提としたメンバーシップ型の雇用形態が主流でした。これに対して現在では、各人のスキルや経験にもとづいて仕事が明確に割り振られるジョブ型の雇用形態を導入する動きが広がりつつあります。

荒川　今後、雇用や働き方が変わっていけば、いわゆる雇用者と労働者という関係とは異なる、働いている人たち同士が接続する新たな「働くコミュニティ」がどんどん生まれていく可能性もあると思います。

萱野　原初的な〝所属するコミュニティ〟である家族のあり方も変わりつつありますね。夫婦であってもそれぞれに収入があって家計を分けていたり、家事の分担などを契約によって定めていたり、家族の内部でも個人主義化が進んでいるといえるかもしれません。

荒川　結局、結婚もコミュニティ作りのひとつなんです。今後『サザエさん』のような伝統的な家族コミュニティはさらに減っていくことは間違いありませんし、家族というコミュニティの概念も変わっていくでしょう。シェアハウスでの共同生活も新しい家族のかたちといえるかもしれませんし、恋愛感情がなくても互いを経済的、精神的に支え合う〝友情婚〟というパターンもあります。これは異性同士である必要もないでしょう。従来の所属するコミュニティとしての家族ではなく、そのときの必要に応じて従来の結婚観とは違った新しい家族を作るようになる。逆に古い所属するコミュニティとしての家族の概念に縛られているほうが、今後の高齢化や介護問題に耐えられないと思います。

萱野　ソロ化といっても、人々はコミュニティから完全に切り離されるわけではなく、むしろ個としてコミュニティに関わることでコミュニティのあり方を変えていく、ということですね。

荒川　ソロ社会化が進むと人々が孤立していくと考える人がよくいるのですが、ソロ社会は孤立社会ではありません。所属するコミュニティで安心を得てきた人は、集団に帰属していないことを孤立だととらえがちですが、接続するコミュニティは個人の単位で人と人とのつながりを多重的に作っていくものです。それは従来の孤立の概念を超越すると思います。また、ソロ社会化が進んでも、旧来の所属するコミュニティが完全に消滅するというわけではありませんし、それはソロで生きる選択をした人と対立するものではありません。むしろ互いに協力し、助け合える社会になっていくのではないかと考えています。

ソロの幸福度を高めるのは達成感を得られる消費

萱野　ソロ社会化によって人々の意識は大きく変わっていくでしょうが、一方で自発的にソロを選んだわけではなく、結婚したかったけれども結果として独身のままという人は寂しい思いを抱き続けてしまうかもしれません。

荒川　そこは僕も課題だと思っています。そういった人たちは自己肯定感が低くて、不幸度が高いんですよ。それはやっぱり自分が社会的役割を果たしていないと感じているからなんですね。結婚もしていないし、子どもも産み育てていない、自分はなんの役に立っているんだろう、と。ただ、社会的役割というものは、仕事をして、納税をして、普通の生活をしながら消費をしているだけで十分なんですよね。自分が好きなことで消費をして楽しむことが、経済を回して誰かの給料になっているわけですから。それを理解するだけでも、幸福度は少し上がるはずです。そして、消費そのものが幸せのひとつのかたちにもなりえます。たとえば、アイドルを応援している人たちは独身でも幸福度が比較的高い傾向があるんですよ。アイドルファンはグッズを買ったり、地方ライブに遠征したり、応援をすることに非常にお金と時間をかけているのですが、これはいわば〝疑似子育て〟です。消費することによって代償的な精神的充足を得ているんですね。

萱野　仕事やボランティア、子育てだけでなく、消費活動を通じても社会的役割の充足感を得られる、という指摘はおもしろいですね。どういった性質の消費が幸福度の上昇につながりやすいのでしょうか。

荒川　幸福度を高めやすいのは、自分が好きなものの「役に立っている」と感じられて、人とのつながりを得られる消費です。近年では片渕須直監督のアニメーション映画『この世界の片隅に』の制作費のクラウドファンディングが好例ですね。1万円以上の支援をしたファンはエンドロールに自分の名前がクレジットされるという特典があったのですが、実際に映画館でそれを目にしたファンはものすごい達成感を得られたはずです。自分が好きな分野でこのような承認欲求や達成感を満たしてくれるものを見つけることができれば、それはきっと幸福度の上昇につながるはずです。逆に商品やサービスの作り手側からすれば、今後はこうしたポイントを刺激するモノを提供していくことが成功の鍵になるといえるでしょう。

萱野　消費することがそのまま応援や貢献につながる商品やサービスですね。

荒川　選択的にソロで生きることを選んだ人たちは、生物として自分の子どもを産んで遺伝子を残すことはありません。しかし、次世代に文化の遺伝子を残すための役割を果たすことはあると思うんです。江戸時代に地方から江戸に集まった結婚ができない次男、三男たちが現在まで続く食文化や出版文化を生みだし、育てたように。子どもを産み育てないソロ男女が、その代替行為として幸福を得るためにおこなっている活動が、後世の文化をかたち作っていくということです。もちろん、本人たちはそんなことを意識しているわけではなく、結果的にということですが。

萱野　古代ギリシャの哲学者プラトンは『饗宴』のなかで、人間のエロスの根源には人間の有限性への自覚があると指摘しています。つまり人間は、自分の生が有限であることを知っているからこそ、その有限性を穴埋めするために自分が生きた証しを残そうとする、ということです。その点では、性交して子どもを作ることも、何かの作品を世に残そうとすることも、社会貢献活動をすることも、政治を通じて社会を動かしたり社会制度を構築したりすることも、すべて同じエロスにもとづいている、ということです。

荒川　まさにそういうことだと思います。

萱野　人間は生存していくために、これまでずっと共同体・コミュニティを必要としてきました。ソロ社会化はそうした人間の生存条件そのものが変容した結果なのでしょう。やはり生存と安全が保障されれば、堅苦しい共同体から自由になりたいと思うのが人間の本質なのかもしれません。その点でソロ社会化の流れは不可逆的なものだと考えるべきですね。ということは、日本の人口減少も残念ながら避けられないものだということです。今後この流れがどこまで続くのか、日本社会にとって大きなテーマとなりますね。

荒川　日本がかつてのような皆婚社会に戻ることはありえないでしょうし、人口の縮小もしばらくは止まらないと思います。ただ、こうした流れは不可逆的な直線運動のようなものではなく、長い期間を俯瞰してみたら、拡大と縮小は一円相のように繰り返しループしていくのではないか、と。今はその過渡期なのだと思います。

人間にとって言葉とは何か、AIにとって言葉とは何か？

［作家］川添 愛

かわぞえ・あい

九州大学文学部文学科卒。同大学院ほかで理論言語学を専攻し博士号を取得。津田塾大学女性研究者支援センター特任准教授、国立情報学研究所社会共有知研究センター特任准教授などを経て、言語学や情報科学をテーマに著作活動をおこなう。『白と黒のとびら』『言語学バーリ・トゥード』（共に東京大学出版会）、『ヒトの言葉 機械の言葉』（角川新書）、『聖者のかけら』『ふだん使いの言語学』（共に新潮社）など著書多数。

［初出 「サイゾー」2021年4月・5月号、6月号］

萱野　人間とは何かを考えるうえで〝言葉〟は避けて通れない大きなテーマです。人間は言葉をもちいてさまざまなコミュニケーションをおこないます。しかし、人間が言葉を理解するとはそもそもどういうことなのか。ここでは、その言葉にまつわる根本問題を考えるため、言語学や情報学をテーマに数多くの著作を発表されている川添愛さんにお話をうかがいたいと思います。

川添　よろしくお願いいします。

萱野　川添さんは学術書から小説まで幅広く執筆活動をおこないながら、言葉についてさまざまな角度から光を当てています。そのなかでも私がとくにユニークでおもしろいと感じるのは、「人工知能（ＡＩ）はどのように人間の言語を理解するのか」という自然言語処理の問題から、人間の言葉の本質を照らし出そうとするアプローチです。川添さんはどのような経緯からこうした研究をするようになったのでしょうか。

意識にのぼりにくい言葉の違い

川添　言語学の研究を始めたのは、もともと言葉について個人的に興味があったからです。たとえば、お天気に〝下り坂〟はあっても〝上り坂〟がないのはなんでなんだろうとか、

「3人の人がいる」と「人が3人いる」という文にはどんな違いがあるんだろうとか、そんなちょっとした疑問を考えていくと、言葉の仕組みにつながっていくようなところがおもしろくて。最初の専門は理論言語学だったのですが、博士課程の最中に国立情報学研究所で研究アシスタントを始め、それがきっかけで自然言語処理の研究にも取り組むようになりました。理論言語学は言語の構造や理解の過程を数学的なシステムで解明しようとする、サイエンスに近い分野ですし、歴史的に見れば理論言語学も自然言語処理も同じルーツを持っています。

萱野　ふと言葉について「なんでだろう」と思うことってありますよね。たとえば私の場合、フランス留学中に「私は反省している」とか「あなたは反省すべきだ」とフランス語で表現しようとしてもうまくいかず、もどかしい思いを何度かしました。フランス語で「反省する」という意味にもっとも近い意味の動詞は“regretter”という動詞ですが、この単語の主要な意味は「後悔する」という意味なんですね。だからフランス語で「私は反省している」と表現しようとすると「私は後悔している」という意味にならざるをえません。でも日本語では「私は反省している」と「私は後悔している」はまったく違う意味じゃないですか。「あなたは反省すべきだ」と「あなたは後悔すべきだ」もまったく違う意味です。要するにフランス語には、「後悔する」という意味から明確に区別された「反省する」という意味の言葉がないんですよ。そして「反省する」という意味の言葉がないということは「反省する」という概念そのものがないことにつながります。これこそ言語学者のソシュールが論じていたことか、と妙に納得したことがあります。それで私もフランスにいる間は「反省する」という行為をやめることにしました。

川添　そういった、言語間の違いはいろいろありますよね。たとえば音声の認識の仕方も、言語によってかなり異なります。たとえば、日本語で「みんなでのんびりごはんを食べよう」というとき、「みんな」「のんびり」「ごはん」に含まれる3つの「ん」は区別されません。しかし、実際に注意して声に出してみるとわかりますが、この3つの「ん」は発音の仕方が違います。発音記号だとそれぞれ［n］［m］［ŋ］で、音声としては違う音なんです。

萱野　日本語の話者はその違いを無視してすべて同じ「ん」と認識しているわけですね。

川添　そうです。そういった音声のカテゴリーの違いはそれぞれの言語にあります。たとえば韓国語では濁音と清音を区別しないそうです。日本語の「がっこう」と「かっこう」では意味の違う言葉になってしまいますが、韓国語では子音が濁音化しても違う意味にならなかったりしないため、音声の違いが認識されないようです。その一方で、韓国語には、日本語にはない「ん」の区別があります。

言葉の理解を支える無意識の知性

萱野 おもしろいですね。私たちは日常的にはとくに意識することなく言葉を当たり前に使っていますが、そうやって考えてみると言葉には「これってどういうこと？」と疑問に思うことが数多くあります。

川添 文法も普段はまったく意識しませんよね。それでも「あなたの恋人はどんな人ですか？」という質問に「私の恋人は料理人とレストランのオーナーです」と答える人がいたら、違和感を覚える人は多いと思います。恋人がふたりいるのかな、と。この文は英語の“My boyfriend is a cook and restaurant owner”の誤った日本語訳で、適切な訳なら「私の恋人は料理人でレストランのオーナーです」になります。この場合、英語の“and”を日本語の「と」に置き換えると不自然になってしまうわけですが、それを不自然と感じるのは、私たちが無意識に、「と」でつなげるものとつなげないものを文法的に区別しているからです。

萱野 たしかに、聞いただけですぐ不自然と感じるということは、それだけ細かい文法的な用法を私たちが無意識に使い分けているということですね。

川添 そうですね。「無意識の使い分け」はおもしろくて、たとえば「わが社は佐藤氏を取締役として採用する」と「山田氏は代官山を拠点として活動する」というふたつの文は表面的には似ていますが、私たちは無意識に「構造の違う文」として理解しています。構造の違いは、次のように「〜を〜として」の部分を入れ替えてみるとわかります。「わが社は取締役として佐藤氏を採用する」「山田氏は拠点として代官山を活動する」。前者は意味が変わりませんが、後者は不自然で意味が通りません。この違いは動詞と目的語の関係によるものですが、そうした説明をされなくても、日本語を母語とする人はふたつの文の構造の違いを無意識のうちに認識しているんですね。

萱野　具体的に例を使って説明してもらわないとなかなか気づかないほど、私たちは無意識に高度な文法を使いこなしているんですね。多義的だったり意味が曖昧だったりする言葉なども、私たちは深く考えることなくそれが何を指すのかだいたい理解できていますよね。

川添　そうですね。会話のなかに「100キロ」という言葉が出てきても、それだけでは「長さ」なのか「重さ」なのか「時速」なのかわかりませんが、車や高速道路についての話をしている場合はたぶん「時速」だろうと、文脈を手がかりにして「キロ」が意味するものを瞬時に判断しています。また、「山田先生は道行く人に駅の場所を尋ねられた」という文は、「(ら)れた」が受け身をあらわしているのか、尊敬をあらわしているのかで曖味ですが、これが「山田先生は電車のなかで財布を盗まれた」だと、受け身の意味にしかとれないですよね。この場合は、「財布を盗むことは尊敬に値しない」という常識が、尊敬の意味とそぐわないからなんですよね。

萱野 こうした言葉の理解を私たちは瞬時に、そしてほとんど意識することなくおこなっていることが驚きです。この無意識の言葉の理解を可能にしている知性とは何なのでしょうか。

川添 やはり文法の共有がひとつの核ではないかと思います。私たちが言葉を使うときは単語を組み合わせて文を作り、その文によってコミュニケーションをとっています。そこで意味が通じるのは、あらゆる人が文法に従って文を作り、その文を文法に従って解読しているからです。もうひとつは、意図の推測です。先ほどの例のように、私たちは文脈や常識、文化や慣習などといった背景、そのときの状況など、膨大な知識から曖昧性や不明確性のある言葉の意味をしぼりこんで、相手の言葉の意図をうまく推測していますよね。この、無意識に持っている文法と、無意識におこなっている意図推測のふたつが、言葉の理解の重要なポイントだと思います。

人間の言語能力は生得的なものか

萱野　ここまでのお話だけでもコンピュータに人間の言語活動を理解させることがいかに困難かがわかります。しかし人間はその核となる文法をいつの間にか習得して無意識のうちに使いこなしている。これも考えてみれば不思議なことですね。

川添　文法の知識やルールは子どものうちから無意識に持っていますよね。これが人間の言語理解のすごいところのひとつだと思います。子どもは大人がいちいち教えなくても文法の知識を知り、ルールをマスターする。英語の例ですが、英語を母語とする子どもはいわゆる二語文を話せるようになった1歳半ぐらいの時点で、英語文法の語順を正しく守るようになるそうです。英語で「クッキーがほしい」というとき、語順としては“Want cookie”のように述語→目的語になりますが、これを逆にしてしまって“Cookie want”と間違えることはほとんどないそうです。これほど早い段階から子どもの言葉には正しい文法が反映されているんですね。

萱野　子どもが言葉を習得していくスピードには本当に驚かされますね。こんな言い回しをどこで覚えたんだろう、と思うような表現がどんどん出てきて驚くこともよくあります。こうした言語習得のメカニズムはどこまで明らかになっているのでしょうか。

川添　子どもはどのようにして母語を習得するのか、この問題についてはふたつの立場があります。ひとつはアメリカの言語学者チョムスキーが提唱した〝生得説〟です。これは「人間は生まれつき〝言葉を習得するための作り込み〟を脳内に持っている」というもので、その先天的な作り込みをチョムスキーは〝普遍文法〟と呼んでいます。子どもは親などまわりの大人の言葉を聞くことで言語を覚えていくわけですが、子どもが聞かされる大人の言葉の量は限られているし、不完全で文法的に間違っていることも多い。それなのに子どもはほぼ例外なく、ものすごいスピードで母語の豊かな知識と複雑な仕組みを獲得します。チョムスキーは、そういう言語習得が可能なのは「子どもが持って生まれてきた普遍文法が大人の言葉にさらされることによって、個別の母語の知識になるからだ」と主張しています。もう一方の立場は、普遍文法の存在を認めず、人間は生まれてからの経験によっていちから言語を学習していくとする〝学習説〟です。このふたつの立場のあいだでは論争が今も続いていて、まだ決着がついていていません。

萱野　人間は生まれながらにして脳に言語なるものの基盤を持っているのか、あるいは人間はまっさらな〝白紙〟の状態で生まれてくるのか、という論争ですね。川添さんはどちらの立場を支持していますか。

川添　もともと自分がチョムスキーの提唱する枠組みをもちいて研究してきたということ

もあるのですが、これまでになされたさまざまな研究の成果をふまえて考えると、やはり生得説を支持したいですね。ほとんどの人が4〜5歳になれば、環境の違いや個人の能力差に関係なく、とくに苦労をしなくても母語の複雑な文法の仕組みを無意識のうちに使いこなせるようになります。これはやはり、後天的な経験と学習だけでは難しいのではないか、と。

萱野　たしかに、人間の言葉そのものが、人間が進化のなかで獲得してきた脳の特性のもとで成り立ってきたと考えるほうが、つまり脳のなかに言葉の原型のようなものがあると考えるほうが、説得力があると私も思います。

川添　ただ、最近は脳の神経回路を模したニューラルネットワークの研究が進み、かなり高度な言語学習モデルができることがわかってきました。それで人間の言語能力も生得説ではなく、ニューラルネットワークで説明しようとする学習説の議論がまた盛り上がってきています。

限られた事例から法則性を導き出す人間の能力

萱野　言葉の意味をどのように理解しているのかという点にも人間の知性の大きな特徴が

あらわれていますよね。たとえば「人間」という言葉の意味は日本語話者なら誰でも知っていますし、それを日常的な会話で問題なく使用することもできます。ただ、それは辞書的な意味を知っているということとは違いますよね。辞書で「人間」を引くと「ひと」「人類」「霊長目ヒト科に属する哺乳類」といった説明が出てきますが、そうした説明を知る前から私たちは抽象的な概念として「人間」の意味を理解しています。これはコンピュータが「人間」の意味を辞書的に理解することとは大きく異なっているのではないでしょうか。

川添　人間がどのように言葉の意味を理解しているのかということは、実は難しい問題です。例に挙げていただいた「人間」は、〝カテゴリー〟の名称ですよね。そして、自分の目の前を歩いている人は「人間」の具体的な事例ではありますが、カテゴリーとしての「人間一般」ではありません。誰もがそうした個別の具体例と抽象的な概念を矛盾なく結びつけて言葉の意味を理解しているわけですが、これも私たちは子どもの頃から自然とできるようになっています。子どもは1歳半ぐらいからの語彙爆発期に入ると、新しい単語を一度聞いただけで正しく意味を理解するそうです。たとえば、大人が子どもに一匹の犬を指さして「あれは犬だよ」と教えると、「犬」とは大人が指さした動物そのものではなく、「犬一般」のカテゴリーを指す言葉だと認識するんです。

萱野　「これは犬だよ」と教えられたとき、子どもは「犬」という単語を「固有名詞」ではなく「普通名詞」として瞬時に理解するわけですね。

川添　はい。子どもがそのように言葉を素早く覚えていくことができるのは、子どもがいくつかの思い込み＝バイアスを持っているからだ、といわれています。たとえば、子どもは初めて見る事物の名前を教わったとき、それを固有名詞ではなく、かたちの似たようなものすべてに当てはまる普通名詞だと思い込むことが知られています。そういったバイアスがあるため、「犬」という言葉を教えられた子どもは、似たような動物はすべて「犬」だと判断するんです。この「一を聞いて十を知る」かのように新しい言葉を覚えていくところが、人間のすごいところだと感じます。

萱野　人間は幼い子どもであってもいくつかの具体的な事例から汎用性の高い法則を見つけ出すことができるんですね。言葉について生得説と学習説のいずれの立場をとるにせよ、人間の知性にこうした一般化の能力が備わっていると考えないことには、子どもの言語習得は説明できないのではないでしょうか。

川添　言語習得に限定した仕組みを人間が生得的に持っているのかという点については論争が絶えませんが、たしかに一般化の能力はかなり早い段階で備わっていないと、言語に限らずさまざまな知識の習得が難しくなります。そういう意味では、これは人間の基本的な性質であり、知性の基盤であるものだと思います。

人間の知性とＡＩとの違い

萱野　ここまで、限られた事例から法則性を見つけ出す一般化の能力が、子どもの言語習得に大きな役割を果たしているという点を確認してきました。人間の子どもは新しい単語を身につけていくときに一般化を無意識におこなっています。たとえば子どもは大人から「あれは犬だよ」「あそこに犬がいるよ」と教えられると、いくつかの事例だけから、どのような個体が「犬」と呼ばれるのかをたちどころに理解します。ＡＩの開発にもちいられる機械学習でもこの一般化がおこなわれます。ただ、機械に一般化をさせようとしても人間のようには簡単にいきません。

川添　そうなんです。機械学習を簡単に説明すると、機械に問題と答えを与えて、解き方を推測させる技術といえるでしょうか。解き方がはっきりしている問題を機械に解かせる場合は、人間が解き方を直接プログラムすればいいのですが、そもそも解き方がはっきりしない問題は、そのやり方だと相当に難しいんですね。たとえば「犬」の画像認識をするＡＩを開発しようとするとき、人間が「次の特徴があるものを犬と判断せよ」と、解き方をすべて言語化してプログラムに落とすことはできません。なぜなら、「犬一般」の特徴を挙げようとしても、犬の種類によって体型や毛色はさまざまですし、同じ犬であっても撮影した角度によってはまったく違う見え方になることもあるからです。そのような違いを超えて共通する「犬一般」の特徴を言葉で説明するのは、ほとんど不可能です。

萱野　すべての犬に当てはまり、なおかつ犬にしかない画像の特徴を挙げることは、たしかにほぼ不可能ですね。

川添　そこで機械学習では、犬の特徴を人間がプログラムするのではなく、犬の画像と「犬」という言葉のラベルをペアにしたデータを機械に大量に与えます。犬の画像を入力したとき「犬」と出力をすれば正解になるという、「問題と答え」の事例のデータですね。こういった大量の事例データのなかに潜む法則性やパターンを機械が自動的に見つけて、正解を導けるような解き方を探り出すのです。機械に「問題と答え」のデータを与える方法は、正しくは「教師あり学習」と呼ばれます。機械学習にはこのほかに、機械に問題のみを与える「教師なし学習」や、機械に試行錯誤をさせて必要なデータを自動的に得る「強化学習」がありますが、どれも「多くのデータを手がかりにして問題の解き方を求める」という点は共通しています。

萱野　人間の子どもはわずかな事例から一般化をおこなえるのに対し、機械による一般化には大量のデータが必要になるということですね。

川添　人間の子どもならほんの数回教えてもらっただけで一般化できるのですが、機械学習では適切な一般化をおこなうために、数百万や数億単位の事例データが必要になることもあります。また、人間と同じような一般化をやっているように見えても、機械学習でやっていることは基本的に数の計算なんですね。つまり、機械は犬の画像をあらわす数値データを入力されたときに、「犬」という言葉をあらわす数を出力する関数を作っているわけです。それを、人間がやっている一般化と安易に同一視することはできません。

問題設定そのものを更新できる人間の能力

萱野　人間にはきわめて特徴的な一般化・法則化の能力が備わっており、それを機械で再現することは、はなはだ困難だということですね。今のお話を聞いて私はドイツの哲学者、イマヌエル・カントの議論を思い出しました。カントは『純粋理性批判』という著作のなかで、人類がニュートン力学のような普遍的な法則を発見できたのは、人間に概念把握の能力がもともと備わっているからだと論じています。その概念把握の能力をカントは「悟性」と呼びました。カントによれば、人間はこの生来的な悟性の力によって、さまざまな自然の事象から法則性を発見し、自然科学などの認識を確立してきました。こうしたカントの議論は、人間の言語習得をめぐる議論とも重なるところがあります。

川添　たしかに通じるところがありますね。人間は誰でも物体を認識したり言葉を覚えたりするときに一般化をおこなっていて、その一般化の仕方が人によってほとんど変わることがないのはとても不思議だし、これは人間特有の能力だと思います。現在はＡＩでもかなりうまく一般化ができるようになってきましたが、人間ではありえないような間違いをしばしば起こすんですね。高度な画像認識をするＡＩが、逆さまになった車を時計だと判断したり、スライスしたリンゴをキュウリだと判断したりするとか。人間と同じような判断をしているように見えても、その判断の仕方は、やはり人間とは異なります。

萱野　ＡＩを搭載した自動運転車が、道路標識に虫がとまっているだけで、その標識を正しく認識できなくなるという話もありますね。人間であれば無視してしまう些細な違いにＡＩは引っ張られてしまう。

川添　機械学習で開発されるＡＩが膨大なデータのなかからどのようにして法則性を見つけ出しているのかは明確ではなく、人間が想定していないような法則性を利用している可能性もあります。ですから、人間だったらなんの問題もないようなことでも、思いがけずうまく機能しないことがあるんですね。逆に人間の場合は、入ってくる情報の重要なところとそうでないところを判断して瞬時に正しい認識をしているわけで、そうした違いもまたおもしろいと思います。

萱野 無視してもいいことを適切に無視することがＡＩにはなかなか難しいということですね。喉が渇いている人に「コップ１杯の水をください」といわれたとき、人間であれば水をあげることが最優先だとわかります。だからコップがなければ、茶碗でもなんでも水を入れて渡すでしょうが、ＡＩだとコップにこだわってうまく対応できないかもしれない。

川添 遠くまでコップを探しに行ってしまうかもしれないですね。

萱野 相手の意図を推測したうえで、重視するところ、無視するところを判断するようなことはＡＩには難しいということですね。

川添 人間でも、会話の前提や文脈をうまく共有できていないとおかしな勘違いをすることがあります。以前、私は家族が「生姜焼き」といったのを「どら焼き」と聞き間違えてしまったのですが、これは家族が夕飯の話をしていたのに、私はおやつの話をしていると思い込んでいたせいでした。こういうとき、人間はすぐ自分の間違いに気がつきますが、ＡＩはそういう対処がうまくできません。たとえば以前、グーグル翻訳に「香港が中国の一部になるのはとても悲しい」という英文を入力して中国語に翻訳させたら「香港が中国の一部になるのはとてもうれしい」という、まったく逆の意味の文が出力されて問題になったことがあります。この誤訳は「翻訳修正案の投稿欄」に誤った翻訳文が大量に投稿され、それをＡＩが学習してしまったことが原因と推測されています。その説の真偽は不明ですが、いずれにしても、今のＡＩは人間から与えられたデータの正誤の判断はできません。

萱野　つまり、どれほど高精度のＡＩでも人間が与えた定義とデータにもとづいた判断しかできないということですね。他方で人間は状況が変化したとき、当初の問題設定そのものを変更してそれに対処することができます。たとえば科学の世界でも、ニュートン力学では説明できない天体運動に直面することで、アインシュタインの相対性理論は出てきました。いわば相対性理論はニュートン力学と、それによっては説明できない特殊な天体運動とを同時に説明することのできるメタ（上位）理論です。人間はこのように、それまでの理論では解決できない問題に対して理論の枠組みそのものを変更することで問題解決を図ってきました。しかしそうした知性の働かせ方は、ＡＩにはまだできない。

川添　逆にいえば、そういったパラダイムを変化させていくような知性は、かなり人間的といえると思います。そして、これは子どもの言語習得の過程でもよくみられることなんですね。子どもは「犬」などの名前を教えてもらうことで、すぐに一般化できるという話をしましたが、それが間違っていることも当然あります。すると子どもは頭のなかの知識や文脈を更新して、意味の理解をより正しいほうに修正していくんですね。このとき子どもはまず一般化をおこなって仮説を形成し、その仮説でうまくいかなかったら、また別の仮説を立てるという科学的な検証を無意識のうちにおこなって、言語観そのものも変化させていくわけです。今の機械には、人間からのフィードバックなしには、問いそのものを立て直すようなことは難しいんです。

萱野　ＡＩにとって問題設定そのものの変更が困難である以上、ＡＩが丸ごと人間の仕事に取って代わるということは原理的にありえなさそうですね。たとえば社会課題の解決をＡＩができるようになるとは考えにくい。

川添　とくに善悪や倫理が絡む問題は結局、人間が考えないとダメだと思います。

萱野　社会課題の解決ではそもそも何が課題の解決なのかということ自体、人間が決めなくてはならないものですからね。人間にとっての快・不快ということでさえ、人間にしか答えを出せません。

川添　ＡＩにそういったものを検知させるためには、その状態を数値化して定義づけをしなくてはいけませんが、人間が今どのように感じているか、それは良いことなのか、悪いことなのかといったことを数値化して機械に教えるのは相当難しいでしょう。そういった人間の内面的なことや、あるいは社会的、文化的な問題についての判断は、まだ機械ではほとんどできていない段階だと思います。もちろん、ＡＩの出す言葉だけを見れば、非常に倫理的だったり、あたかも良識を持っているかのように見えたりするかもしれませんが、少なくとも今のところは、人間の与える指示やデータ次第で、良いほうにも悪いほうにも流れる可能性があります。

AIはどれだけ進化しても笑うことができない

萱野　人間にとっては簡単でも、機械にとっては難しいという事例はいくつもありそうですね。

川添　たとえば人間なら赤ちゃんでもできることですが、機械に〝笑う〟ことは難しいと思います。人間が笑うときの楽しさやおかしさを数値化して機械に学習させることがまだできないと思うので。

萱野　人間にとってさえ笑いは難しいですからね。たとえば外国のジョークやお笑い番組が日本人にとってはまったくおもしろくないということはよくあります。

川添　一般常識や文化的背景、文脈がわからないとジョークのおもしろさは伝わらないですよね。みんなで共有している常識などからズレたことがおかしくて笑えるわけですが、笑うためにはそのズレを検知したうえで、それがただの間違いなのか、ジョークと受け取って笑うのか、その判断もしなくてはいけません。

萱野　結局、笑いに限らず〝うれしい〟とか〝悲しい〟といった感情をＡＩに理解させようとしても、それはＡＩにとっては数字の並びでしかありえず、人間の感情とは根本的に違います。

川添　私個人は、現在の機械学習がどれだけ進化しても、ＡＩに人間と同じような感情が生じることはないと思います。ただ、人間の脳は外部からの刺激を電気信号にして、その情報を処理する過程で感情を生じさせているともいえます。なので、仮に電気信号と脳神経の処理を数値化し、人間の脳を機械的に再現できたとしたら、そこに感情が生じる可能性は一概に否定できないかもしれません。その場合でも問題になるのは、機械が「悲しい」とか「うれしい」と感情を表現したときに、それが本当に人間の感情と同じものなのか、外からは検証できないということです。もっとも他者の感情を完全に理解できないという点では、人間同士でも変わらないのですが。ただ、渡辺正峰『脳の意識　機械の意識』（中公新書）によれば、近年は脳神経科学の研究で、人間の脳の半球を機械の半球に接続して機械側の意識を確認するという、すごい実験の構想があるそうです。その進展と結果がどうなるのかはちょっと楽しみですね。

機械の進化と人間の知性

萱野　ＡＩの進化の「すごさ」が報じられるにつれて、ＡＩに脅威を感じてしまう人も増えています。ＡＩは人間の仕事を奪ってしまうのではないか、あらゆる人間の活動を代替してしまうのではないか、と。私もときどき取材などでコメントを求められることがありますが、私自身はなぜそこまで心配に感じてしまうのかということのほうが不思議です。ＡＩがどれだけ進化しても、人間にしかできないことなんていくらでもあります。ＡＩに脅威を感じてしまう人たちは、それこそＡＩを過大評価しすぎではないでしょうか。テクノロジーに対する根本的な恐怖があるのかもしれません。ＡＩの進化に対するこうした反応についてどう思われますか。

川添　人間の知性や心といった、人間自身がまだよくわかっていない領域を機械に侵食されるのではないかという思いが、恐怖につながっているように思います。その気持ちはわからなくもありません。それに、最近のニュースなんかを見ていると、人間って本当にどうしようもないなと感じることも多くて、機械にできることはすべて機械に任せたほうが世の中が良くなるんじゃないかと思うこともありますね（笑）。

萱野　たしかにＡＩの開発はどれだけ人間に近づけることができるかということをひとつ

の目標にしているところがありますから、そもそもその本質として、人間のアイデンティティに踏み込もうとしている側面があるのかもしれません。ただＡＩ脅威論を見ていると、そこにはテクノロジーに対する無理解というよりも人間自身に対する無理解があるような気がします。たとえば将棋の世界ではＡＩがどんどん強くなって、今やどんなプロ棋士でも勝てないレベルに到達したといわれています。にもかかわらず、私たちはどの棋士が人間のなかで一番強いのかということに無関心ではいられません。互いに将棋を指してどちらが強いかを競ったりもする。人間より速く走る機械なんてかなり昔から存在しますが、それでも私たちは誰が１００メートルをもっとも速く走るのか、どれくらいのタイムで走るのかを世界レベルで注目しています。人間よりはるかに速く走る機械が存在するからといって、そういった人間にとっての人間の価値が失われているわけではまったくありません。

川添　ＡＩ＝人工知能という言葉のイメージの問題かもしれません。人工知能と聞くと、ロボットや人造人間のように人間に似た姿を持ち、なおかつ人間より優れている存在を想像して、脅威を感じてしまう人が多いのではないでしょうか。ただ、今の主流の人工知能は、人間の知性を丸ごと再現するようなものではなく、機械学習によって開発されているシステムのひとつにすぎません。自動運転や画像、文章の生成などさまざまな分野でＡＩ

が活躍していますが、人間の知性のあり方とはまったく違うものです。

萱野　川添さんのお話をうかがって、ＡＩがいかに人間の本質を照らし出してくれるのかが浮き彫りになったと思います。

人間はどこまで倫理に縛られているのか？

佐藤岳詩
［専修大学文学部哲学科教授］

さとう・たけし

1979年生まれ。京都大学文学部卒業。北海道大学大学院文学研究科博士課程修了。博士（文学）。熊本大学文学部准教授を経て、現在は専修大学文学部哲学科教授。専門はメタ倫理学、エンハンスメントを中心とした応用倫理学。主な著書に『メタ倫理学入門』（勁草書房）、『心とからだの倫理学』（ちくまプリマー新書）、『「倫理の問題」とは何か』（光文社新書）などがある。

［初出 「サイゾー」 2021年10月・11月号、12月号］

萱野　新型コロナウイルスの感染拡大は、さまざまなかたちで私たちに倫理的な問いを突きつけました。たとえば感染拡大防止と社会経済活動のどちらを優先すべきか、という問題はその典型です。多くの人は「命を守るために当然、感染拡大防止を優先すべき」と考えるかもしれません。ただ、コロナ禍による自粛生活のもとで自殺者が例年よりも大幅に増えたことを考えるなら、社会経済活動を優先することも命を守るための選択となりえます。

最近発表された東京大学の研究者たちの研究によると（※編注　この対談は2021年9月11日に収録）、新型コロナの感染によって失われた命と、コロナ禍において例年の自殺数より増えた分（超過自殺）によって失われた命を、それぞれ平均余命年数で計算すると、超過自殺によって失われた平均余命年数のほうが長いことがわかるそうです（Quentin Batista・藤井大輔・仲田泰祐「コロナ禍の自殺・コロナ後の自殺」2021年7月20日）。その点でいえば、感染拡大防止よりも社会経済活動を優先するほうが、鬱などの悪化による自殺を減らすこととなり、トータルで見れば、より命を守るための選択であると考えることもできます。

ほかにも、一時議論になったワクチンパスポートを導入すべきかどうかという問題も典型的な倫理の問いです。こうした状況を受けて、ここでは倫理学者の佐藤岳詩さんと、人間にとって倫理とは何かという問題を考えていきたいと思います。ただし倫理といっても、ここでいう「倫理」には特別な意味は込められておらず、「道徳」と同じものだと考えてかまいません。まず、佐藤さんはコロナ禍でさまざまな倫理的な問いが突きつけられた状況をどう見ていますか。

佐藤 コロナ禍以前から倫理を問われるような問題は至るところにあったのですが、それが国民全体、社会全体のレベルで見えるようになってきたという印象です。自粛警察のような「自分は我慢しているのに、なぜお前は我慢していないのか」という怒りを他人にぶつけてしまう現象は、学校や企業、共同体などのなかでもよくみられたものですが、コロナ禍によって行きすぎた行為がさらに広がり、マスコミを通じて多くの注目を集めたことで、あらためて倫理が人々の口に上がるようになったという側面があるのではないでしょうか。また、学生を見ていると、たとえば今の2年生は、入学してから現在までほとんど通学ができていません。オンライン授業にもいいところはありますが、やはり対面でほかの学生と一緒に講義に参加したいという気持ちを持つのも当然です。そうした状況で行動自粛における受益と負担のバランスに疑問を感じて「これは本当に正しいことなのか」といった問いが出てくるのも自然なことだと思います。

世界との関わりそのものとしての倫理

萱野　佐藤さんは著書『「倫理の問題」とは何か』(光文社新書)のなかで、人が倫理的な悩みを抱えたり、倫理的な問いを立てたりするのは〝日常にひっかかりが生じたとき〟だと論じています。その点でいえば、コロナ禍とはまさに日常が大きく揺らいだ出来事であり、さまざまな倫理的問題が大きく問われざるをえなくなった出来事です。では、なぜそもそも日常にひっかかりが生じると、倫理的な問いが差し迫ってくるのでしょうか。

佐藤　私の考えでは、倫理は私たちの日常に深く根づいていて、つねに身の回りにあって日々の生活を支えているものです。それはたとえば、周囲の人間との関係であったり、社会とのつながりであったり、さまざまな関係性や自分の世界観の根本になっているものです。ただ、これはあまりに当たり前にあるものなので、普段、私たちがそれを意識することはありません。今日も明日もなんとなくずっと同じように日常は続くと信じているんですね。しかし、実際にはそれは不変のものではないので、何かのはずみで揺らいでしまう。今回のコロナ禍のように突然、非日常がやってくるわけです。

こうした日常が危うくなる状況になって初めて、人はこれまで自分が支えられてきたものに気づきます。そして、それが失われたことで「これまでと同じように生きていけるのか」と恐怖や不安が生じ、そもそも自分を支えていた感覚、倫理について考えるようになります。そして、それを「どのように取り戻せばいいのだろう」という問いが立ち上がってくる。

そうした日常にひっかかりを起こす変化は、世界的な感染症の流行や大地震などの天災といった大規模なものもあれば、友達に突然悪口をいわれたとか家族と揉めたとか、学校に通えなくなったとか、そんな身近なレベルのものまでさまざまなものがあります。いずれにしても、当たり前だった日常がうまくいかなくなるようなことがあって、これは正しいことなのか、それとも間違ったことだろうかと考えることになるのです。

萱野　倫理は意識せずとも日常に織り込まれていて、人々はそれを前提にさまざまな行為をなしているということですね。

佐藤　倫理をどのようにとらえるかについては倫理学者のなかでも複数の見解があるのですが、私は倫理をできるだけ広いものとして考えたいんですね。よく好んで使うのは倫理を〝世界の見方〟とするたとえです。世界とのつながり方、接し方などといってもいいと思います。つまり、世界がどのように見えているのか、どうやって理解しているのか、そのあり方こそが私たちの倫理であるとするものです。

これは作家としても知られるイギリスの哲学者アイリス・マードックが提唱した〝見方

の倫理〟という考え方で、これは「倫理は世界に染み渡り、遍在する」とも表現できます。もし、自分が世界を歪んだ見方でとらえていれば、世界を歪んだものとして理解してしまう。その見方自体が倫理のあらわれであり、それによって自分に都合よく世界を理解したり、偏見が生じたりすることも当然ありえます。

そういう意味では自粛警察のような問題も自粛要請に応じない商店とそれを糾弾する人たちのどちらに倫理があるのか、あるいはないのかということではなく、それぞれ世界の見え方、歪み方が違っているということだと思います。

ナチ党員や凶悪犯にも〝倫理〟はあったのか

萱野　これは極端な例ではありますが、ナチ党員に倫理はあったのかという問いがありますよね。ナチスがおこなったユダヤ人大虐殺は倫理的に正当化されえないとはいえ、では個々のナチス党員がなんの倫理にもとづかずにそれをなしたのか、という問いはそれとは別に考察されなくてはなりません。

これについていえば、私はナチ党員にも倫理はあったと考えるべきだと思います。むしろ平穏な日常ではなしえないような行動を遂行するためには、より強い倫理的な動機づけや正当化が必要となるのではないでしょうか。もちろんそこで出された倫理は「ゲルマン民族の再興のため」「ユダヤ人問題を最終解決するため」「組織人として命令には忠実であるべきだから」「自分がやらなければほかの人がやるだけ」といった、他人から見れば歪んだ倫理だったかもしれません。しかしそれが歪んでいたり身勝手だったりすることと、彼らがそれでも強い倫理的根拠を求めていたこととは別の問題です。それだけ人間は倫理から切り離せない存在だということでしょう。倫理とは「世界の見方」であるという考えには、こうした認識も当然、含まれてきますよね。

佐藤 それはおっしゃる通りで、倫理を世界の見方としてとらえれば、ありとあらゆる人にそれぞれの倫理が存在することになりますし、倫理から離れてものごとを判断することもできないことになります。その見方がひどく自分に都合のいいような解釈をしていたり、自分の見たくないものを見ないようにしていたりすることも多くあり、その場合は自分と世界の関係がねじ曲がってしまう。ナチ党員たちもそれぞれによりどころとしている倫理があったわけですが、それはやっぱり極端なかたちで歪んでいて見るべき事実を見ないようにしていたから、さまざまな悲劇が生じてしまったといえるのだろうと思います。とはいえ、もちろん、私自身も含めて完全にフラットで正しい世界の見方ができている人などはいなくて、誰もが多かれ少なかれ歪んだところを持っているはずです。

萱野　美達大和『死刑絶対肯定論』（新潮新書）という本のなかには、凶悪犯たちが刑務所におけるほかの受刑者との会話のなかでいかに自分の犯罪を正当化したがるかということが書かれています。この本によると、刑務所では受刑者たちがみずからの犯した犯罪について「あんなところで（被害者が）大声を出すからいけないんだ」とか「相手が暴れたせいで俺はこんなふうになってしまった、俺のほうが被害者だ」といったことを互いに語り合っているそうです。もちろんこうした言い分は本人たち以外の人間からすればあまりに身勝手ですが、それでも彼らは自分を正当化せずにはいられない。人間がいかに倫理というものに拘束されており、自分を正当化せずにはいられない存在なのか、ということを強く考えさせられる事例です。

佐藤　私の理解でいうと、そうした受刑者は収監されたことによって、まさにもともとの日常が奪われていることになります。たとえ凶悪犯罪を犯すような歪んだものだとしても、彼らは収監される前の日常のなかで自分自身や世界のあり方を理解していて、そこに自分とはまさにこのような人間で、このように生きていくのだ、というアイデンティティも見出していたわけです。しかし、それを完全に絶ってしまう非日常が訪れたとき、みずからの犯罪で引き起こしたものであっても、やっぱりその状況を受け入れることができないのではないか、と。

そこで、自分の正当性を語ることで、自分の現在置かれている状況、新たな世界との関係を否定し、かつての日常を支えていたものをどうにか取り戻そうとしているといえるのではないでしょうか。普段はまったく意識していなくても、そうした倫理が日常を安心して過ごすことができる信頼感の根本になっていて、逆にそれが失われた寄る辺のない宙ぶらりんの状態に人は耐えられないといえるかもしれません。

そして、周囲の他者にその正当性を語ってしまうのは、やはり自分をわかってほしいのだと思います。倫理は共通の義務を持ち出すことによって語られることがよくありますが、凶悪犯も正当化を通して自分は皆と同じある種の義務を果たしているのだと主張しているのでしょう。そこで、自分とあなたは同じ世界にいる、自分は日常を共有できる人間であるということを確認しようとしている。人は日々を安心して生きるために、そうした行為をせずにはいられないのだと思います。

倫理的な問いに〝答え〟はあるのか

萱野　注意したいのは、ありとあらゆる人にそれぞれの倫理が存在するとしても、だからといって、倫理はすべて相対的なものだとか、何が正しいのかは人それぞれで異なり正解はない、といったことには必ずしもならないということです。というのも、誰もが自分なりの正しさにこだわってしまうということは、逆にいえば、誰のもとにも「正しさを生みだす核」のようなものがあるということだからです。その核をうまく取り出すことができれば、どのような倫理がより正しいのかという問いにも答えることができる。

たとえばカントは〝普遍化可能性〟こそが正しさの基準だと考えました。つまり、自分だけでなく誰もがそれをおこなってもいいと考えられるかどうか、誰もがそれに従うべきだと考えられるかどうか、それが倫理的な正しさの基準となるということです。こうした普遍化可能性の考えを、佐藤さんはどう評価しますか。

佐藤　私が研究してきた倫理学者リチャード・M・ヘアもカント主義を自称しており、道徳判断について〝似た状況で同じ特徴を持ったすべてのものに対して当てはまる〟普遍化可能な特徴を有すると主張しています。自分が困っているときに「あなたは裕福なのだから、困っている私を助けるべき」と判断するなら、自分が裕福になったときには困っている人を助けようとするのでなくてはならない。普遍的という言葉のとらえ方にもいろいろな学説があって、何が倫理的に妥当なものかという問題をクリアするのは簡単ではないですが、いくつか考えられる条件のなかで「自分だけを特別視、例外化している」ものはNGとできると思います。

萱野　これは「そもそも倫理的な問いに答えはあるのか」という問題にもつながってきますね。たとえば新型コロナ感染症についても、感染防止対策を優先すべきか、それとも社会経済活動を優先すべきか、という論争にはまったく決着がついていません。そうした状況を前に多くの人が「結局のところ、人は考え方や立場によって優先するものが異なるのだから、正解はないのではないか」と思ってしまっても不思議ではありません。佐藤さんはこうした意見についてはどう思われますか。

佐藤　倫理の問いに答えがないと考えたくなるのはよくわかるんですよ。誰だって「これが正解だ、これを信じろ」と他人に倫理を押しつけられたくはないでしょう。実際、倫理学の歴史を見ても、倫理的な問いに答えを導き出す基準がひとつに定まっているわけではなく、むしろ多元的な方向にシフトしてきています。ただ、「倫理は人それぞれ」は一歩間違うと、「人それぞれなんだからなんでもあり、他人の倫理には一切、口出しするな」に転がっていってしまいます。これは『「倫理の問題」とは何か』で強調したかったことのひとつなのですが、そこで「人それぞれだから考えてもしょうがない。倫理は役に立たない」と諦めるのではなく、一回踏みとどまってもう少し考えてみてほしいんですね。そこで「どうして答えがないように見えるのか」と考えること自体が、そもそも倫理について考えるということでもありますから。それこそ倫理学者は、答えに近づくにはどのようなアプローチがあるだろうかということを2000年にわたって考え続けてきたわけで、そのための理論も数多く生みだしてきました。皆さんにも「本当に答えはないんだろうか」という目線を一度は持ってほしいという気持ちはあります。

萱野　それを考えることは「自分はどのように世界を見ているのか」を問うことにもつながりますね。

佐藤　どんな人でも自分なりの倫理に対する考え方を持っているものです。ですから、たとえば感染拡大防止か経済再開かという議論があったときに、自分の考える倫理に照らし合わせて、人命や健康を守ることが倫理的な行動であると判断し、これを倫理と経済の対立としてとらえてしまうことがあります。しかし、目線を変えれば、ここで問われているのは「私たちにとって本当に大事なことは何なのか」という倫理の問いだとすることもできるはずです。だからそこで経済を重視する人が倫理を持っていない、ということではないのです。そうした視点を持たないと、ただ両者の対立が深まるばかりで議論もうまく発展していきません。

萱野　そもそも相手を「人命より経済を優先させる不道徳者」と決めつけること自体、相手を攻撃するためのレッテル貼りという側面が強いですからね。そうした論争を少しでも生産的な議論にしていくためには、やはり判断のための材料を冷静に集めていくことが必要です。ただ、いくら判断材料を集めても結論を出すことが難しいという点も倫理的な問題の特徴ではありますが。

佐藤 政治的な決定をするような場面では、立場の違いを確認したうえで現実的になにができるのかという方向に議論をシフトしていくことも重要だろうと思います。哲学者でプラグマティズムの立場をとったリチャード・ローティは、倫理的な正解や真理の探求にこだわることよりも自分の手の届く範囲で現在可能なことを考えていくことが大事だと主張しています。また、トマス・スキャンロンという哲学者は「理にかなった仕方で誰も反論することができない」原理によって支持されるということを正しさの基準として暫定的な結論と見なしていいとしています。現実的にはこういう考え方で落としどころを探っていくしかないだろう、と。ただ、それはあくまでひとつの集団や共同体で決定を下すときの話であって、ひとりの人間がどのような倫理に従って生きていくのかという問題では考え方も違ってくるでしょう。また、あるとき、ある場面で倫理的な正解、あるいは真理にたどり着けなかったとしても、それがどこにも存在しないということにはなりません。結局、それにたどり着けないのは、現状の人間の限界にすぎないのではないかと私は思っています。

倫理への自然科学的アプローチ

萱野　先ほど、倫理とは〝世界の見方〟であるという説明をうかがいました。各人がどのような倫理を持っているのかということは、その人がどのように世界を見ているのかということを反映している。ただ、このように考えると「世界の見方は人それぞれだから、何が道徳的に正しいかも人それぞれであり、結局倫理には正解はない」という考えがどうしても出てきてしまいます。しかし佐藤さんは「本当に倫理には答えはないのだろうか」と考えることの重要性を強調されています。

佐藤　私自身は、倫理を支えるひとつの真理のようなものがあると信じているところがあります。もし、皆がその探求を諦めたら進歩がなくなってしまうし、少なくともそれを追い続ける姿勢を持つことが大事なのではないか、と。真理が見つかっていないことは真理がないことの証明ではありません。それは人間側のポテンシャルの問題ともいえます。

萱野　その点では、倫理学も自然科学と同じところがありますよね。ニュートンが万有引力の法則を発見する以前からこの宇宙には重力が存在していました。人間が真理を発見できているかどうかにかかわらず、真理は存在するわけです。同じことが倫理学にもいえるのかもしれません。また、自然科学ではこれまで、たとえば重力をめぐってニュートン力学から相対性理論、量子力学のように理論がアップデートされてきました。倫理学でもこのような理論のアップデートは起こりうるものでしょうか。

佐藤 人間の倫理的な性質も観察や実験で確かめられるものとして自然科学に近い方法論で考えていく自然主義という立場があります。現在の倫理学の研究では、わりと人気がある考え方です。知識の体系である〝学〟としては、やはりこうした自然主義的なアプローチになっていくでしょう。ただ、科学的なアプローチが唯一、正解にたどり着けるものかといえばそうとは限らないし、たとえば、日々の生活のなかで自分自身と向き合うことで真理を探求するという方法があってもいいと個人的には思うのですが。

萱野 何を道徳的に正しいと思うかは人それぞれだといわれますが、これは逆にいえば、誰もが「道徳的に正しいことがある」と無意識的にせよ信じているということでもあります。その「道徳的な正しさ」が生まれてくる基盤やメカニズムは、それぞれの人が何を道徳的に正しいと思っているのかという問題とは切り離して探究することができるものですよね。それを自然科学に準じた方法によって探究することができれば、倫理の正体に近づくこともできるのではないでしょうか。

佐藤 たしかに現在は心理学や脳神経科学、進化論などの生物学的な知見を通じて人間の倫理的行動にアプローチする研究は数多くおこなわれていて、議論も盛んにおこなわれています。これらは今の時代だからこそできるようになってきた研究で、調査方法も科学的にかなり洗練されてきていて、今後はさらに倫理の根源に迫っていくことも期待されています。

ただ、注意しなくてはいけないと思うのは、そのときの支配的な考え方が正しいものであるとは限らないということです。たとえば、かつては誰もが天動説を信じていて、それが真理だとしていた時代があったわけですが、結局それは間違っていました。倫理も同じ過ちを犯す可能性は当然あるわけで、「これは間違っているかもしれない」という意識をつねにどこかで持っていなくてはならないと思うのです。現代からすれば歪んだ倫理、誤った倫理によって差別や虐殺といった悲劇も過去には数多く起きていますから。ただ、理想を追ってあまりに形而上学的な方向にいっても、現実と乖離した机上の空論になってしまう。そこのバランス感覚が、今の倫理学研究に問われているところだと思います。

人間にとっての〝善い〟はどこから生まれるのか

萱野　人間は倫理的な判断として「正しい・正しくない」ということだけでなく「善い・悪い」ということも判断しています。この〝善い〟というのは人間にとって何なのか。それを考えることも倫理の本質に近づくことになるのではないでしょうか。この「善い・悪い」という判断は、たとえば「からだに善い・悪い」という言い方もされるように、「正しい・正しくない」という判断とは位相を異にしています。つまり「善い・悪い」という判断は「正しい・正しくない」という判断に比べて、より身体的な、人間存在の存続に関わる価値判断だということができるでしょう。おそらく原初的には、人間の生存にとって必要な食べ物の確保や仲間との関係維持などが〝善い〟とされ、それがやがて社会や文化が発展するにつれて範囲を広げてきたのでしょう。こうした〝善い〟とは人間にとって何を意味すると考えられますか。

佐藤　メタ倫理学の創始者ともいわれるG・E・ムーアは、〝善い〟と〝善いもの〟は区別しなければならないと述べています。そして彼は、その区別は「黄色」と「黄色いもの」の区別と同じようなものだといいます。「黄色いものは何か」という問いには「バナナ」など答えをいくつでも挙げられますが、「黄色とは何か」と問われると、うまく説明できません。たとえば、可視光線の波長範囲を示しても、それは黄色そのものの本質を説明したことにならないでしょう。同じことが倫理の〝善い〟にもいえるとムーアは主張しています。人に親切にしたり、勇敢であったり、正直だったりすることは、〝善いこと〟だといえますが、〝善い〟そのものではありません。〝善いもの〟をいくつ並べても〝善い〟それ自体の説明にはならないのです。
結局、ムーア自身は〝善い〟は〝善い〟であって、他の言葉で言い換えて定義できるようなものではないと言い切りました。こうしたムーアの考え方はさまざまな議論を呼び、後の倫理学者たちは〝善い〟の分析を100年以上にわたって続けて、議論を重ねていきます。そのなかのひとつの立場として、私たちの態度や感情表現と〝善い〟を結びつけて共通認識としての〝善いこと〟を複数挙げ、そこに共通する性質が指し示すものとして〝善い〟を理解するという考え方があります。もちろん、これは前述の通り〝善い〟そのものを説明していないのですが、私自身もこうしたやり方でしか〝善い〟をとらえることはできないのかなとも感じています。人間にとっての〝善いこと〟は水のように根本的なものから人間関係や生き方の規範のように複雑なものまでさまざまなものがあり、それを分解して〝善い〟だけを取り出して説明することは難しいのではないか、と。

萱野　今のお話を聞いていて、私はハイデガーの哲学における「存在論的差異」という考えを連想しました。ハイデガーは世界に存在しているあらゆるものを〝存在者〟と呼んで〝存在〟そのものと区別しています。そして、私たちが目にしたり考えたりできるのはあくまでも個々の〝存在者〟であり、〝存在〟そのものを思考することはきわめて難しい、と論じています。

こうしたことを踏まえてあらためて〝善い〟ということについていえば、人間と世界との関わりのなかでしかそれは生じないと考えることはできそうですね。たとえば水でいえば、水そのものが〝善い〟わけではなく、飲水や用水といった用途のもとで〝善い〟が生じている。水の客観的な性質だけでもなく、人間の主観的な判断だけでもなく、人間と世界の関係という次元で〝善い〟は生じているということです。このことは同時に倫理そのものについてもいえるかもしれません。

佐藤　私自身の考え方も、そうした理解に近いところがあります。倫理学の歴史でもものごとを私と世界、主体と客体に区別して倫理はどちらにあるのかという主観主義と客観主義のあいだでずっと議論が続いてきたわけですが、そのどちらでもなく両者の中間ともいえる〝第三の立場〟という考え方もあり、私の倫理を「世界の見方」とするとらえ方もその立場です。それは萱野さんがおっしゃるように、私たちと世界の関係性ととらえることができるでしょう。

人間は不断に世界と自己を価値付けている

萱野　そうした世界との〝関わり合い〟のなかに倫理があるとすると、人間は存在しながら不断に世界と自己を価値付けているということになりますね。その意味で、人間は否応なく倫理のなかに投げ込まれてしまっているともいえるでしょう。

佐藤　クリスティン・コースガードという倫理学者が近いことを述べています。彼女は「人間は反省する存在である」として、自分たちのあり方を反省しながらみずからの行為や振る舞いを正当化していく〝反省的認証〟をつねにおこなっているとします。倫理はまさにその手続きから生まれていて、だから人間は倫理をどうでもいいものと考えることは決してできないのだ、と主張しているんですね。コースガードの考え方はカント以来の理性主義的な倫理学の系譜にあって、倫理を考えるときのひとつの柱になるものといえるでしょう。ただ、私は個人的に自分自身を価値付けることにとらわれることなく、むしろそこから上手に距離をとれるようになることも倫理的な成長といえるのではないかと考えています。反省的認証のような行為をやめたところで世界や自分自身が消滅するわけではありません。みずからを省みることは大事だとは思いますが、それをやり続けると、やっぱりしんどくなることもあるでしょう。そういった理性による価値付けをすべてなしにしても、世界とつながっていられるようなあり方を追求することも、倫理のひとつのアプローチだと思います。

萱野　それは具体的にはどのようなあり方になるでしょうか。

佐藤　ちょっと俗っぽい言い方になりますが、「もし、あなたが自分で自分のことが認められなかったとしても、それはそれでかまわない」ということです。反省的認証や価値付けにおいて自分を認められないようなときに人は苦しみます。しかし、自分自身を認められない葛藤があったとしても、それを含めて自分の存在はすでに世界に組み込まれているわけです。そういったかたちで世界との関わり合いを持った自分をそのまま認めてもいいのではないか、と。

萱野　たしかに知的なレベルでは、そのように考えることも可能かもしれません。ただ、私たちは意識しようがしまいが、それ自体さまざまな価値を帯びた世界のなかに投げ込まれてしまっています。たとえば栄養のある食べ物や良好な人間関係など、生存に有利なものを〝善いもの〟として受け取っていますし、反対に毒物や病気、暴力、意地悪な人などを〝悪いもの〟として避けようとします。そうした根源的な価値判断のもとで行為することが人間の存在を成り立たせていることを考えるなら、価値付けから離れてニュートラルに生きるということはとても難しいのではないでしょうか。

佐藤　たしかに難しいかもしれません。そして、おっしゃるように人間が進化してきた環境と生物学的な基盤から倫理を説明することも可能でしょう。たとえば、集団で共同生活したほうが生き抜く可能性が高かったから人類は進化の過程で互恵的利他性を獲得したといわれれば、その通りだと思います。しかし、こうした説明が人間を倫理をめぐる問題から解放するわけではないと思うんです。急ぎの用事に向かっている途中で倒れている急病人と遭遇したとき、素通りしていいのか、救護するべきか、人の心にはどうしても葛藤が立ち上がってしまう。そこで自分が生物学的にどのように進化してきたかということはまず問題になりません。そして、助けるにせよ素通りするにせよ、自分の選択した決定について、それを脳の神経細胞の発火の結果だとか、自由意思と関係のない決定論として説明されたところで、やっぱり倫理の問いに答えたことにはなりません。そのときにどんなかたちであれ、違うオプションを用意しておいたほうがいいと私は考える立場なんです。それはほとんど不可能なのかもしれませんが、生物学的な説明では足りない〝何か〟を哲学も倫理も求めてきたのではないでしょうか。生物学的な基盤にすべてを還元するのでもなく、カント的な理性主義でもない視点を探したいと考えているんです。

あらためて倫理を考える意味

萱野　それは人間が存在する条件に左右されない倫理の可能性を模索するということでしょうか。

佐藤　倫理について考えるとき、主観主義的であれ、客観主義的であれ、どうしても〝私と世界〟という観点から始まってしまうことで、人間の存在が前提となった議論になってしまいがちです。しかし、たとえば、人間がひとりも存在していなかったとしても、そこでは物と物が何らかの関係性を結んでいて、人間にはわからない〝善い〟があるかもしれないし、あってしかるべきだとも思います。もちろん、少なくとも人間である私が倫理について語るときは、人間と世界のあいだにあるものとして語りたいという気持ちはありません。それは感覚的にプラトンが『国家』で善のイデアについて語った太陽の比喩に近いかもしれません。太陽の光によって私たちはあらゆる事物を見ることができ、その認識を可能にしていますが、それと同じように倫理は私たち人間の側にあるのではなく、太陽の光のように事物と人間の中間にあって媒介するものではないか、と。

萱野　倫理を人間の側にあるものと限定するのではなく、あくまでも関わり合いが先にあって、そこから倫理が生まれてくるということですね。

佐藤　倫理の起源を人間の生物学的基盤に求めたり、理性主義的な発想から考えたりすることを否定するわけではありません。それはとても大事なことだし、倫理の研究に必要なことだと思います。ただ、それしかないといわれると、ちょっと切り落としすぎではないかと思うんです。私の基本的なスタンスは「それだけではないのでは」という感じなんですね。倫理についてそういった別のオプションを持とうとすることは、日常が安定しているからできることであって、実際に日常が揺らいで倫理の問題に直面したときには、そんなことを考える余裕はないでしょう。だからこそ、そうなる前に、あるいはそうならないためにも、倫理を世界との関わり合いのなかにあるものとして考えてみることに意義があるのではないかと思うのです。

萱野　人間と世界の関わり合いも、社会のあり方もますます複雑になるなかで、倫理とは何かを考える意味はますます大きくなりそうですね。

佐藤　たとえば、中国の研究者が人間の受精卵の遺伝子操作をおこなった実験について発表したとき、日本も含めて世界中のマスメディアから「倫理的に許されない行為だ」と非難の声が上がりました。しかし、そこでいわれている〝倫理〟とは何のことなのか、とくに説明されることはありません。「倫理的に許されない」という文言が切り札のように使われているわけですが、その〝倫理〟の意味を共有しない人からすれば「倫理的に許されなくても多大な利益が得られるならかまわない」ということに当然なってしまいます。社会的に倫理が問われることが多いからこそ、その意味、使い方についてもあらためて考えてみる余地があってもいいのではないでしょうか。

医療の現場から見える
人間の身体と精神

山本健人
［医師・医学博士］

やまもと・たけひと

２０１０年、京都大学医学部卒業。博士（医学）。外科専門医、消化器病専門医、消化器外科専門医、感染症専門医、がん治療認定医、内視鏡外科技術認定医など。運営する医療情報サイト「外科医の視点」は開設３年で１０００万ＰＶを記録。Ｙａｈｏｏ！ニュース、時事メディカル、ダイヤモンド・オンラインなどで連載。著書『すばらしい人体』（ダイヤモンド社）は17万部超のベストセラーに。

［初出　「サイゾー」２０２２年１月・２月号、３月号］

近代哲学も医学も解剖から始まった

萱野　山本さんの著書『すばらしい人体』（ダイヤモンド社）には人体と医学に関する興味深い話や奥深い知見が盛り込まれていて、とてもおもしろく読ませていただきました。私の専門は西洋哲学なのですが、近代哲学の祖といわれるデカルトも実は人体に強い関心を抱いていました。デカルトはみずから人体解剖をおこない、解剖についての本も書いているほどです。デカルトはその経験をもとに、人間の身体は脳内にある松果体を通じて精神と結合しているという心身二元論を提唱しました。近代医学はヨーロッパでルネサンス時代に人体解剖が解禁されたことで発展を遂げましたが、その点からすると、哲学も医学も人体を解剖することで近代化の第一歩を踏み出したといえるかもしれません。山本さんのご著書も、解剖のお話から始まっています。医師である山本さんにとって、解剖とはどのような経験でしたか。

山本　たしかに解剖は医学のスタート地点といえるかもしれません。医学部のカリキュラムも解剖学から始まり、人体解剖実習をおこないます。実習では医療の発展のために献体してくださったご遺体を、数人ずつのグループに分かれて解剖します。私が初めて人体の構造を見たときに抱いた感覚は「人間の体も他の動物と変わらない有機物にすぎないんだ」

というものでした。それまで無意識のうちに人間は他の生物と比べてどこか特別だと思ってきたところがあったんだと思います。しかし、自然科学という学問領域のなかで見れば、人体も自然界の有機物がたまたま集まって構成されたものであって、やがてまた自然界に還っていくものにすぎないんだな、と。有機物としての精密さにも驚きつつも、そのような今まで感じたことのない感覚を抱きました。その一方で頭部を解剖するときは、精神的にちょっとこたえるところがありました。やはり、ここに人間ならではの思考や感情を生みだすものがあるという意識がずっとあったからだと思います。

萱野　たとえ人体が他の動物と変わらない有機体だとしても、やはり頭や顔は人間にとってもっとも人間らしい部分かもしれませんね。私たちは日常的に互いの顔を見て社会関係を作り上げていますし、脳についても人間的な考えや感情が生みだされる場所だと考えています。いくら解剖によって人体の仕組みが他の動物と変わらないことを目の当たりにしても、頭部に初めてメスを入れるときの衝撃は大きいでしょうね。

山本　自然科学の領域でとらえた人体が有機物にすぎないとしても、私たち人間は他者という存在がいて初めて成り立つ存在です。おそらく、そうした関係性のなかに単なる有機物を超えたものを感じているということなのだと思います。医療が目指しているのも、有機物としての異常を科学的に正すだけではなく、患者さんが社会で健康な生活を維持できるよう働きかけることです。人間の身体を有機物として見ながら、同時に社会的な存在としても見なくてはならない。そこが医学の興味深い部分でもあると思います。

萱野　医療は自然科学的な行為であるだけでなく社会的な行為でもあるということですね。そこでは、患者がどのような治療を望むのか、どういうかたちで社会復帰をしたいのか、といった意思も重要な要素になってくるでしょう。そういった人とのやりとりも含めて医療行為だということですね。

山本　解剖学から始まる医学部のカリキュラムも、まず基礎医学で有機物としての身体の構造を学び、そこから医師という存在が社会のなかでどういう働きをしているのかという観点で臨床医学を学びます。

局所的なものでしかない人間の自由意志

萱野　山本さんのご著書では、人体がいかに自律的に存在し、活動しているのかということが、さまざまな具体例を通じて説明されています。たとえば心臓は「筋肉の塊」ですが、それを人間が自分でコントロールすることはできません。また、私たちが自分の意志で動かしているように思っている目の動きもまた、視野を安定させるために自律的に反射運動を繰り返しています。自己意識のレベルでは、私たちは自分の身体を自分でコントロールしていると思っていますが、実際には身体のかなり多くの部分が自分の意志とは関係なく自律して活動しているんですね。

山本　それは、我々の生物学的な目的が「種の存続」にあるからだと思います。人類という種を存続させるために最低限、必要なことはすべて自動化されているんです。心臓は意志と関係なく動く不随意筋によって拍動していて、自分でコントロールできません。生存に不可欠な機能は自分でコントロールできないようになっているんですね。眼球が頭の動きと反対方向に動く前庭動眼反射によって視線がブレないのも、あらゆる動物の繁殖に必須となるスムーズな移動を可能にするためでしょう。逆にいえば、種の存続に直接関わらない動作においては、自分の意志によって動かせる〝遊び〟があるといえるかもしれません。

萱野　人間の自由意志というのは、生命の本質からすると種を存続させる働きの上に乗っかっている「おまけ」のようなものともいえそうですね。

山本　医学を深く学ぶほど、自分の意志でなんでもコントロールできるという考えがいかに傲慢なのかと思い知らされます。身体において本当に大事な機能は自由にコントロールなんてできないし、むしろそうあるべきなんですね。

萱野　私たちは意志の自由を自明のものだと考えてしまいがちですが、それは身体の動き全体から見れば、ごく一部のものに作用しうる局所的なものでしかないんですね。

山本　臨床の現場では、とくに強くそう感じます。そして生命の本質に関わる重要な機能であっても、病気や事故で容易に不調をきたしてしまう。本当に恵まれた条件下においてのみ、人間は自分が自由だと思っていられるわけです。

人間はみずから生命を停止できない

萱野　厳密に考えるなら、人間はみずから死ぬことさえできないというべきではないでしょうか。人間はみずからの意志で心臓を止めたり、脳の活動を停止したりすることはできません。人間ができるのはせいぜい高いところから飛び降りたり、首を吊ったり、手首を切ったり、水中に飛び込んだりすることだけであり、要するに「それをすれば間接的に心臓が止まるであろうこと」だけです。あくまでもそれらの行動は生命活動を停止させるための間接的な行動でしかなく、私たちは直接、意志的に心臓や脳の働きを止めることができるのではありません。

山本　本来、あらゆる動物は自分の生命を自分で止めることができないはずなんですね。

人間だけが非常に特殊で、言葉や想像をもちいて社会を組み立てることによって、生物学的な目的から逸脱する行動をとれるようになってしまった。そもそも私たち医療者が患者を治療して延命することも、生物学的には妥当とはいえない可能性だってあるわけです。あるいは、末期がんに対して強い抗がん剤を使うことで1カ月ぐらい命をながらえるかもしれない、という状況で、患者さんから「副作用でつらい思いをするぐらいなら、寿命が短くなってもいいから家族と充実した日常を過ごしたい」という希望があったなら、その希望通り、積極的な治療をおこなわないこともあります。そのとき患者さんは、自分の生を短縮するという選択をしていることになります。私たち人間は、そういうかたちで自分の生をコントロールする唯一の生物といえると思います。

萱野　有機体としての身体の論理とは異なる論理が人間の意志にはあるのではないか、ということですね。人間の意志は有機体としての身体の論理に対して、それとは異なるレベルから介入しようとする傾向があって、それこそがある意味で人間の知性の営みだといえるのかもしれません。他方で、身体の論理と意志の論理がかみ合わないことも実は多いのではないでしょうか。

山本　医学の発展によって人間の寿命は延び続けて、個人の生は長くなりました。しかし、多くの人類が長生きして地球上に個体数を増やし続けることが、種の存続という観点から見て良いことなのかと考えると、そうではない可能性もあります。極端なことをいえば、生殖機能をすでに失った生物が長く生き続けることは、その種の存続という生物学的な命題に照らしてプラスなのか。そう考えると、非常に難しい問題です。

萱野　見方を変えれば、個々の身体そのものは、つねに生き続けようとする存在であるともいえますよね。自殺を試みたことで、身体が多大なダメージを負ったとしても、その身体は最後の瞬間まで生を存続させようとします。自殺を試みたことで瀕死となった身体が、その後、息を吹き返すこともめずらしくありません。身体は、人間の意志とは関係なく、そうした生き続けようとする力を持った存在だと考えることもできます。

山本　それは臨床の現場でよく感じることです。命を絶とうとして自分の身体を傷つけても、その直後から身体は回復を目指して動き始めます。もちろん、そのダメージが人間の治癒力を超えていれば死んでしまうわけですが、それでも身体はどれだけ本人が死にたいと願っていても、生命を継続しようとします。生命を存続させるという大命題に、身体はつねに従うのです。逆説的ですが、医学が発達するほどむしろ、私たち医師は人間が持つ回復力のサポートしかできないのだと気づかされます。

萱野　医療は原理的に人間の身体が持つ力を超えることはできない、と。

山本　人間の身体の力もさまざまです。同じ医師が同じ治療を施しても、患者によって反応はまったく違うものになります。単純に考えて、30代と80代の身体は、それまでに蓄積したダメージの度合いや許容できる治療のストレス、回復の速さなどはまったく違います。同じ年代の高齢者が病気になっても、それぞれ身体を何十年と酷使してきた結果の不調なので、それぞれに有り様も違って非常に多様なんですね。

健康と病気の境界を定めるものとは

萱野　人間の身体にとって病気とは何かという点についてもうかがわせてください。健康と病気の境界はどこにあるのでしょうか。経験的には、両者のあいだに明確な境界線を引くことは難しく、健康な身体がなだらかな坂を下りていくように少しずつ病気になっていくというイメージなのですが。

山本　先天性疾患などの例外はありますが、大半の病気はそういっていいと思います。生活習慣病はわかりやすい例ですが、糖尿病や高血圧などは徐々に体が蝕まれることで、やがて病気と呼ばれる段階になります。健康と病気のあいだには、科学的にはっきりした境界線があるわけではありません。ある段階で自覚できる症状があらわれて自分で発見するか、あるいは、自覚がないまま健診などで異常が見つかると、医師が診断をおこないます。

そのまま放置すれば社会生活に支障をきたしたり、命の危険があったりするときは治療介入することを決定し、この時点で病気であると定義されるのです。しかし、病気そのものは診断以前に身体に存在しているわけで、診断に至るまでなだらかに健康が失われていったととらえることができるでしょう。がんも身体を長年使うことによって生じやすくなる病気です。細胞分裂を繰り返すなかで遺伝子のコピーに異常が生じて細胞ががん化していくのですが、こういったエラーはやはり高齢者のほうが起こりやすいんですね。

萱野　がんは健康と病気の関係を考えるうえでとても示唆的な事例ですね。身体の内部ではつねに遺伝子のコピーエラーによってがん細胞が生じているのですが、それはある段階を超えなければ健康を脅かすわけではありません。

山本　そうですね。本来であれば免疫が遺伝子異常によって生じたがん細胞を攻撃して排除するのですが、それを免れたがん細胞が無秩序に増殖して周囲の臓器に悪影響を与えるなどした結果、がんと見なされて医療が介入することになります。つまり身体にがん細胞が存在する状態とがんという病気は異なるものなのです。また〝ラテント（潜伏）がん〟といって、死ぬまで見つからないがんもあります。前立腺がんに多いのですが、亡くなってから解剖をして初めてがんを患っていたことがわかるということがよくあるんですね。こうしたがんは生前には症状があらわれなかったので発見されなかったわけです。

萱野　たとえば死後に見つかった前立腺がんが生前の健康に影響を及ぼしていなかった場合、その人は「病気だった」といえるのでしょうか。

山本　病理学的にいえば前立腺がんはたしかに存在しているわけで、それが検査などで確認されたら病気と見なされるでしょう。実際、その人の寿命があと10年長かったら、前立腺がんが進行して命を脅かすことになった可能性もあります。ただ、病気は必要に迫られて定義するものであり、この場合は医師の診断を必要としなかったことからすると、やはり病気とはいいがたいでしょう。医療が進歩したおかげでさまざまな病気を早期に発見できるようになりましたが、過剰診断という言葉もあるように、本来であれば見つける必要がなかった病気を見つけ、患者さんに治療による苦痛やストレスを与えてしまうという矛盾も生じているんですね。

萱野　病気かどうかは、あくまでも治療介入が必要かどうかで判断されるということですね。その場合、治療介入が必要かどうかを決める普遍的なルールのようなものはあるのでしょうか。

山本　それは、これまでの統計学的なデータにもとづいた取り決めということになります。ただ、それも科学的な知見の蓄積によってつねに変動しうるものなんですね。ですから、時代と共に診断基準が移り変わっていくのも当然ですし、それによってより早い治療介入で生存期間を延ばしたり、逆に不必要な治療がなくなったりするなど、より医療の確度が高くなるということでもあります。ただ、あらゆる人に適用できる普遍的なルール、確実な指標といったものは、やはりありえないでしょうね。

萱野 治療介入が必要かどうかの判断が、社会的な影響を受けることもありますよね。たとえばＡＤＨＤ（注意欠如・多動性障害）などの発達障害は、近年になって注目を集めるようになった障害です。かつては病気や障害とされていなかったことに名前がつけられて医療が介入するようになった事例のなかには、社会の変化が大きな要因になっているものもあるのではないでしょうか。

山本 精神科領域の病気の多くは、社会的な生活に支障をきたすことが病気たらしめる重要な要因ですので、社会の変化によって定義が更新されてきたところはあると思います。発達障害なども含めて、社会的状況の変化によって、生きづらさを感じている人が可視化されるようになったことも大きいでしょう。さらに医学的な研究が進むにつれて特定の神経伝達物質の異常などが、精神疾患の要因になっていることもわかってきました。そこで投薬治療などの有効性が高まり、医療の介入が幅広くおこなわれるようになってきた経緯があります。そういう意味では、時代の変化によって病気の定義が広がってきたといえるかもしれません。

人間にとって医療という営みとは何か

萱野　人間にとって医療という営みとは何かを考えるとき、時代の変化によって病気の定義が広がってきたという点が大きなヒントになると思います。そうした広がりは時として、医療がカバーする領域を広げるための〝利権の拡大〟であると批判されます。しかし、発達障害の例などを見てもわかるように、診断名がつくことで適切な医療を受けられるようになったり、症状が悪化せずにすんだりして暮らしやすくなったという例は数多くあります。そうした意味で、医療の拡大は、社会的な生きづらさを含めた苦痛の軽減を人間が目指してきた結果といえるのではないでしょうか。

山本　医学の営みは基本的に医療の介入が必要な人を取りこぼさないこと、同時に医療の介入が必要でない人にはなるべく介入しないことを目指しています。患者にとって治療行為は基本的にストレスであり、時に苦痛でもあるからです。この両面を微調整することで診断基準も変わってきました。その根本にあるのは、やはり患者さんにとってプラスになることを考え、実践しようという理念だと思います。

萱野　動物は苦痛や不快を遠ざけようとする強い傾向性を持っています。巨視的に見れば、人類の営みそのものが苦痛や不快を遠ざけていこうとするものだといえます。たとえば家を建てるという行為は、外気にさらされて生活する危険や苦痛を遠ざけていこうという営みであるように、です。こうした傾向性は、人類社会のあらゆる側面に埋め込まれているベクトルで、医療の拡大もそのひとつでしょう。医学の発達とは、不快や苦痛から解放されたいという人類の思いそのものの具体化であるとさえいってもいいかもしれません。

山本　そういった要請に応えてきたことが医療の拡大の大きな要因になったはずです。そして、それにつれて、人はますます長く生きることを求めるようになってきました。今では80歳の人が90歳まで生きるために当たり前に手術を受けます。これは平均寿命が60代だった頃には考えられなかったことです。そうした手術をおこなう私たち医者もそれが無駄なことなどとは思いませんし、患者さんのより幸せな人生に寄与する有意義なことだと考えています。さらにいえば、患者さんが生きながらえることによって、当人だけでなく、その家族や友人にまで影響を与え、時により多くの人の幸せや救いにつながることもあると信じてやっているんですね。これもまた、医療の拡大といえると思います。

萱野　医学の進歩のもとには人間の知的な好奇心や向上心があるのはもちろんですが、より根本的には幸せを求める人間の本質的な願望があるということですね。

山本　医療が目指すものはそういう願いに応えることであり、そこに行き着くまでの道は揺れ動くかもしれませんが、そのゴールはつねに変わりません。

身体の根幹にある自己と非自己の区別

萱野　山本さんの著作『すばらしい人体』（ダイヤモンド社）を読むと、有機体としての人体がいかにとてつもない仕組みによって成り立っているのかに驚かされます。たとえば免疫機能は身体の内部に侵入してきた異物を攻撃し、排除することで身体が病気になることを防ぎますが、これは言い換えるなら身体が免疫機能を通じて〝自己〟と〝非自己〟をつねに区別しているということですよね。

山本　自己と非自己を区別することは、あらゆる生物にとって体を守る手段です。身体の不調をきたす病気の多くは自分の体内に非自己の物質が侵入することによって生じますから、そういう意味で非自己を区別して排除する機能は必須のものなんですね。

萱野　そうした機能にとって腸内細菌の存在とはどのようなものだと考えたらいいでしょうか。身体が非自己の細菌と共生していると考えるべきでしょうか。

山本　大腸を含めた消化管は、厳密にいえば〝体の中〟ではなく〝体の外〟なんです。口から肛門に至るまで、消化管は外の世界と連続した空間になっています。そして、そこにはさまざまな細菌が数多く住み着いているんですね。そこにはピロリ菌のように胃がんの原因になるものもいれば、腸内細菌のうち、いわゆる「善玉菌」のように健康に良い影響を与えるものもいます。そういう意味で、人間の身体はその外部において非自己のさまざまな生物と共生しているんですね。そして消化管の壁を隔てた領域が体の中であり、そこは完全に無菌になっています。

萱野　口から摂取された食物は小腸などで吸収されることで初めて〝体の中〟に入っていくということですね。そしてその〝体の中〟では自己と非自己の区別が絶えずおこなわれており、たとえば体内で非自己としてのがん細胞が増殖すると、免疫システムはすかさずそれを攻撃・排除しようとします。と同時に、その〝体の中〟で生じるさまざまな働きは、酸素の摂取から栄養の消化、記憶をつかさどる機能まで、あらゆるものが化学式であらわされる化学反応です。その点でいえば、身体とは、自己と非自己を絶えず区別しつつ、その自己のなかで特定の化学反応の連鎖をまとめあげているひとつの全体的なシステムだと考えることができるのではないでしょうか。

山本　身体の内部では膨大な数の化学反応の連鎖が起きています。その一つひとつは自然界でも普遍的に起こりうるものですが、その連続した作用が機能する全体的なプログラムは、たしかにそれぞれの生物固有のアイデンティティともいえるでしょう。

有機体である身体にとって精神とは何か

萱野　近代哲学の始祖であるデカルトは、人間の身体は精神とは異なる〝モノ〟の法則に支配された精巧な自動機械だと考えました。当時は身体内で生じている化学反応について何も解明されてはいませんでしたが、デカルトは人間身体を解剖し、観察した結果としてそのように考えたのです。そしてデカルトはその考えにもとづいて、血液循環説によって心臓機能を解明する端緒を開いたイギリスの医師ハーヴィーの学説を称賛する一方で、ハーヴィーが心臓をそもそも動かしている生命の源泉として、ある種の形而上的な力を想定したことは批判しています。デカルトにとって身体とは、あくまでも個々の働きをなすパーツによって組み合わされた機械にすぎないのです。これはある意味で現代の医学の考え方に近いといえるかもしれません。ただ、身体が自己と非自己を絶えず区別しつつ、自己のなかで特定の化学反応の連鎖をまとめあげているという側面に着目するなら、ハーヴィーのような想定も成り立ちうるのではないかと思います。山本さんはそういった想定についてどう思われますか。

山本　人体を機能させているプログラムそのものを成立させるものは何かと考えたら、たしかにそれはとても不思議で、神秘的にすら感じます。ただ、医学の観点から病気やケガの治療を考えたとき、結局のところ身体の仕組みをシンプルな化学反応として無機質にとらえないと、問題の解法が見つからないところがあるんですね。むしろ神秘的な観点を排除する方向に舵を切らないと医療行為は成り立たないのではないか、と。

萱野　医学の現場ではデカルト的な見方に徹することがその前進につながるということですね。そうした医学の現場に身を置いて人間の身体に向き合っている山本さんから見て、あらためて人体とはどのようなものでしょうか。

山本　やはり医学的な観点から、刹那的にパーツが集合している有機体ととらえているところがあると思います。そういうドライな見方をすることで、より適切な治療手段が見出せるのではないか、と。その一方で、人間は社会的な要素と複雑に絡み合って存在していて、それぞれ固有の意志を持って幸せになりたい、快適な生活をしたいという願いを持っています。そういう側面を考えると、ひとつの有機物にとってベストな治療が、ひとりの人間にとってベストなものになるとは限らないわけです。ですので、医療行為をおこなううえでは、人体を有機物としてドライにとらえながら、同時にひとりの人間としてより幸せで快適に生きてもらうためにはどうすればいいのか、そういうウェットな視点もまた持つ必要があります。それは基礎医学と臨床医学の違いともいえるかもしれません。

萱野　基礎医学の視点に立てば立つほど、人体を有機体としてのみとらえる必要があるということですね。では、その基礎医学の視点に立ったとき、人間の精神や意志といったものはどのようにとらえられるでしょうか。

山本　たとえば、心身症や一部の精神疾患は心理的な原因で生じる心因性疾患と呼ばれることがあります。しかし、これらの病気も単純にすべて心の問題というわけではなく、ストレスがある状態が続くことで、神経伝達物質の分泌などに問題が生じていて、それもまた体内の化学反応のひとつなんですね。そういう意味では精神状態が病気を起こしたり、症状に影響を及ぼすことはありえます。また、臨床の現場で精神や意志が重要になるのは、患者さん自身の治療に対する姿勢を考えるときです。先ほど、「医師ができることは人間が持つ回復力のサポートにすぎない」ということを話しましたが、患者さん自身が治療に前向きな気持ちを持っていることは、非常に重要なんですね。患者さんが自分の病気について知り、そのためにどのような治療が必要なのか、その辛さや副作用を含めて理解して、医師との信頼関係ができていないと、ちゃんと病院にも通ってくれないし、処方された薬も飲んでくれないということもありえるわけで、そういう意味では患者さんの意志も医療において大切な要素になります。

萱野　精神的なストレスなどが原因で生じる心因性疾患の場合、ウイルスや細菌といった物質的な異物が体内に侵入することで病気が生じるのではなく、ストレスをもたらすような環境が身体の内部に何らかの化学反応を引き起こすことで病気が生じるということですね。物質だけではなく、人間関係などの環境もまた、身体内の化学反応の連鎖に影響を及ぼすということでしょうか。

山本　職場で上司からハラスメントを受けて非常に強い圧力を感じている状態で湧き上がる感情もまた、脳内の化学物質が関わっているでしょうから、環境や人間関係も身体に化学反応をもたらすものといえるでしょう。たとえばそれは、目の前のバナナを見たり、匂いを嗅いだり、触ったりしたときに「食べたい」と思うのと同じで、すべて脳内の化学反応なんだと思います。

医療の転換点と今後の方向性

萱野　やはり基礎医学の立場に徹するならば、人間の意志や感情もすべて人間身体の内部に生じる化学反応の結果ということになるんですね。ところで、臨床医学において、近年では人間の寿命が伸びたことにともなって終末期医療が注目されるようになりました。そこでは病気を治すための積極的な治療よりも苦痛を取りのぞくためのケアが優先され、余生におけるＱＯＬ（生活の質）が重視されます。こうした変化は医療全体にとってどのような意味を持つと考えますか。

山本　現代の日本社会では、長く生きることに価値を置きすぎているなと感じることがしばしばあります。しかし、臨床の現場にいて実感することは、生命の長さそのものではなく、生活の質や豊かさといったことに価値を見出したほうがより幸せな人生を送れるのではないか、ということなんです。医療というものは突き詰めれば、患者さんが自分の人生をより良くするために利用するものです。そこで何を求めるか。長く生きるためなのか、生活の質を改善するためなのか、そうした患者さんの姿勢によって医療から引き出せるものは違ってくるんですね。日本ではＱＯＬの向上という視点から考える人がまだ少ないのが現状で、そこが変わっていけば、より多くの人がより上手に医療を利用できるようになると思います。

萱野　この数十年間はこれまでの人類の歴史のなかでもっとも急激に寿命が伸びた時代ではないでしょうか。これほどの急激な寿命の伸びは人類にとって初めての経験です。その経験を通じて人類は、寿命をただ伸ばすだけでなく、その質をも考える段階に入ってきたようにも感じます。

山本　まさに過渡期だと思います。医学教育においてＱＯＬという概念が強調されるようになったのも、ここ20年ぐらいではないでしょうか。かつては寿命を伸ばすことが重要な命題であり、その実現を目指して医療は発展してきました。そして実際に30年、40年と寿命が伸びたら、そのあいだに質として失われるものが相当あるということに初めて気がついた。そこで医療もどのような治療やケアが患者さんの生活の質を上げるのか、そういう方向にシフトしてきたところなんだと思います。

萱野　医療の役割も変わりつつあるということですね。

山本　病気の治療だけを考えれば、患者さん本人の意志とは関係なく治療法は存在するわけですが、患者さんがこれからどのような人生を歩みたいのか、どういった生活を望むのか、そういう視点から考えたら、そこでまた治療の方針は変わってきます。そして病気を積極的に治療するのではなく、病気を抱えながら苦痛が少なく質の高い生活をするために必要なサポートをするというのも医学にしかできません。そうした選択をするのは患者さんです。患者さんやご家族に治療方針を丁寧に伝え、同意を得るインフォームド・コンセントが重視されるようになったのも、医学の営みが変化してきた結果によるものでしょう。

萱野　医学は今後どのような方向に発展していくと考えますか。これまでの医学の発展を振り返ると、「見えなかったものが新たに見えるようになる」ことがその転機となっていたことがわかります。解剖が広くなされるようになったことで人体の構造が可視化されるようになり、顕微鏡や電子顕微鏡によって細菌やウイルスが見えるようになり、レントゲンやCT、MRIなどの技術によって生きたままの人間の体内を観察することができるようになりました。こうした可視化が医学の発展の推進力になった部分は大きかったと思いますが、今後もそうした側面からの発展は見込まれるでしょうか。

山本　人間の遺伝子、ヒトゲノムが解明されていることを考えると「見えなかったものが新たに見えるようになる」というフェイズは、もう終わりを迎えているのではないかと思います。問題は見えたものがどのような挙動を示すのかを理解するということではないか、と。

萱野　なるほど。たとえば新型コロナウイルスについても、人類はその遺伝子を解析することで変異の経緯をある程度まではたどれるようになっています。しかしそれが特定の状況のもとでどのように変異するのか、それぞれの人間の体内でどのような挙動を示すのかは、まだまだ解明すべき課題です。

山本　人間は同じ種であっても、一人ひとりは違う個体で異なる遺伝的な特徴を持っていますし、環境によっても大きく変わっていきます。今後の医学においては、そういった多様性を認識したうえで、個々人に合わせた医療を提供していくことが重要な課題になってくるのではないでしょうか。これまでの医療は服を買うときにS・M・Lの三種類から選ぶような層別化をしてきたわけですが、XSやXLなどカテゴリーが増えたほうがより最適なものを選べますし、実際に医療はそのレベルを目指して進歩しつつあります。それは人類が「見える」ようになったからこその進化です。そして、今後のさらなる進化によって医療はオーダーメイドのように、より個別化し、最適化していくのではないでしょうか。

おわりに

本書のもとになったのは雑誌「サイゾー」での連載です。その連載に加筆・修正をして、それを掲載順に収録したのが本書です。

連載では、本書に登場する専門家の方々がこころよく対談に応じてくださいました。「人間とは何か」という問いをめぐって本書が豊かな考察を展開できているとすれば、それはひとえに本書に登場する専門家の方々のおかげです。心から感謝申し上げます。

本書の編集を担当してくださったのは「サイゾー」編集長の岩崎貴久氏です。岩崎氏は雑誌掲載の段階から連載を担当してくださいました。コロナ禍にあっても連載を中断することなく、こうして一冊の本にまとめることができたのは、やはり岩崎氏の強力なサポートがあってこそです。心から感謝申し上げます。

対談を原稿にまとめてくださったのはライターの橋富政彦氏です。

本書ではさまざまな分野の専門家がそれぞれの観点から「人間とは何か」について議論を展開しています。そうした多岐にわたる内容の対談を原稿にまとめるには相当な力量と労力が必要です。橋富氏はその大変な仕事を見事にこなしてくださいました。また、連載を一冊の本として編集する段階でも、橋富氏は細心の注意を払いながらチェックを進めてくださいました。心から感謝申し上げます。

本書は「サイゾー」2019年6月号から21年6月号、21年10月・11月号から22年3月号に掲載された連載『萱野稔人と巡る　超・人間学』を加筆し、再構成したものです。

［編著者略歴］

萱野稔人（かやの・としひと）

1970年生まれ。哲学者。津田塾大学教授。パリ第十大学大学院哲学研究科博士課程修了。博士（哲学）。哲学に軸足を置きながら現代社会の問題を幅広く論じる。主な著作に『国家とはなにか』（以文社）、『暴力はいけないことだと誰もがいうけれど』（河出書房新社）、『死刑　その哲学的考察』（ちくま新書）、『社会のしくみが手に取るようにわかる哲学入門』（小社刊）など。テレビ番組のコメンテーター、ニュース解説者等としても活躍。

人間とは何か？

哲学者と巡る知的冒険

2023年10月6日　初版第一版発行

編 著 者　萱野稔人
編集協力　橋富政彦
校　　閲　鴎来堂
発 行 人　揖斐　憲
発 行 所　株式会社サイゾー
〒150-0044 東京都渋谷区円山町 20-1
新大宗道玄坂上ビル 8F
電話 03-5784-0790（代表）
印刷・製本　株式会社シナノパブリッシングプレス

ISBN978-4-86625-175-2